「いらないモノ」が教えてくれること

ケリー L. リチャードソン Kerri L.Richardson

住友 進［訳］

散らかった部屋に隠されたメッセージを読み解き
人生を立て直す方法

彩図社

WHAT YOUR CLUTTET IS TRYING TO TELL YOU
by Kerri L.Richardson

Originally published in 2017 by Hay House Inc . USA
Japanese translation published by arrangement with
Hay House UK Ltd . thorough The English Agency (Japan) Ltd.

お父さんへ

私の最初の本を執筆する姿を見てとても喜んでくれ、温かく見守ってくれました。
ずっとあなたの自慢の娘でいられたらと願っています。

愛を込めて　娘より

イントロダクション

この2年間、私は誰にも負けないくらい、家を小さくすることに努めてきました。引っ越しを行ない、家の面積を186平米から65平米に、さらには46平米へと減らしていったのです。

そしてその間も、最終的には（「狭い家」を特集するテレビ番組でよく出てくる）21平米の家で暮らすことを常に念頭に置いていました。

このように生活をシンプルにしていく過程で、家のモノを選別し、いらないものは処分していったのです。

しかし、その際、私は厳しい決断を迫られることになりました。人から贈っていただいたモノや昔から家にあるモノを処分してしまうのは、なんだか後ろめたい気がしたからです。

ですから、後悔しないように、処分するかどうか、厳しい基準で選択し、本当にもう必要がないと判断したモノだけを片づけることにしたのです。

ためてきたガラクタが一体自分に何を告げようとしているのかに気付くために、私はそれぞれのモノをじっくりと思い返すことにしました。こうした作業を行なうことで、モノに埋もれて見えなくなっていた場所に空間が生まれるようになり、その新しい環境が今までの自分の考えまで変えてくれることになったのです。

私には収集癖はまったくありませんでした。しかし、ストレスがたまると買い物でその憂さを晴らすことがよくあり、この癖を改めなくてはとしばしば考えていました。いわゆる買い物中毒で、「隙間があるなら、モノで埋めねばならない」という考えに取りつかれていたのです。買い物中毒になったのにはきっかけがありました。それは同居人のメリッサと小さなアパートから、186平米の大きな家に引っ越したときのことです。

引っ越した時、彼女の父親が家を整理するためにやってきました。彼は部屋を飾り付ける名人で、私たちの部屋をまるで雑誌に出てくる部屋のように仕上げてくれました。

その素晴らしい部屋に、私たちはうっとりしました。なにしろ、次の日の朝、目を覚ましたときには、殺風景な部屋が立派に生まれ変わっていたのですから。

しかしきちんと飾られていたのは一部屋しかありませんでした。モノをこの一部屋に集中させたために、他の部屋は空っぽの状態になっていたのです。

「持っているモノはこれだけかい？」とメリッサの父親は尋ねてきました。「それなら、君たちの持ち物はこの一部屋ですべて収まってしまったよ」

もとのアパートが小さかったのでそれも当然でした。

「ええそれですべてです」と私は肩をすくめながら答えました。

「それなら、買い物に行ったほうがいいな」

それから、せっせと買い物に出かけることにしたのです。

部屋には、モノで埋めるための空間がたっぷりありました。装飾する壁も、カーテンをつける窓もあります。考えてみれば、住むのはふたりだけなのですから、なにも、居間、家族ルーム、ダイニング・キッチン、食堂、3つの寝室、ふたつの浴室といったたくさんの部屋がある家など必要なかったのです。しかし、世間では、「大きいことはいいことだ」が成功の合言葉とされていました。

この家で暮らしはじめて数年後には、家を維持管理するのが辛くなってきました。なにしろ掃除をするのに数時間かかり、庭仕事には週末を丸一日使わなくてはならなかったからです。

本当は、こんなことに時間を使いたくはありませんでした。内心、こんなに手間のかかる暮らしは御免だと思っていました。

しかし、世の中では、「よりたくさん、より多くのモノ」を手に入れることが、成功の定義だとされていたのです。

例えば、芝生があるのが家族の象徴となっています。でも私は、芝生を囲うための白い棒があるような家は、自分には似合わないと薄々は気付いていました。近所の人に負けてはいけないと、「見栄を張って」生きていただけだったのです。

大きな家を持ち、たくさんのモノに囲まれた生活が喜びだと言う人もいるでしょう。私も、今まではずっと、モノに溢れた生活こそ成功の唯一の形だと考えていました。

しかし、生き方はこれひとつではないことに私は気付きました。そのことに気付くまでは、自分の家にも、隣近所の人々にもなんの不服もなかったのですが、しまいには、自分がモノを所有しているというより、モノに支配されているという気持ちが強くなってしまいました。もはや私の所有物は、心をうきうきさせるより、息苦しさを感じさせる場合が多くなってしまったのです。

こうして私は、モノも心もガラクタに蝕まれていきました。モノの多さが成功の証だというのなら、そんな成功などなくてもかまわないと考えるようになっていきました。

そんなある日、なにげなく、メリッサに、「モノをすべてお金に変えて、旅に出たいと考えたことはない？」と尋ねてみました。

すると彼女は、「それって、家を売りたいということ？」と尋ね返してきたのです。

深い考えがあっての質問ではなかったのですが、私は調子を合わせることにしました。

「そこまで考えていたわけではないけれど、思い切って売ってしまおうか」

するとと彼女がこう答えてきたのです
「実は私もそれを考えていたの。これで外国に引っ越すことができるわね。ベリーズ（訳注：中米の国。旧英領ホンジュラス）は気候も温暖で、いい国よ。英語も通じるし、貨幣もドルだし。それに外国人居住者のコミュニティもある。アメリカとはそれほど遠くないから、戻りたければ、すぐに戻ってこられるわ」

なんと、彼女も前々から引っ越しをまじめに考えていたのです。

そこで私は次のように答えました。「ええ、でもやはりすぐにベリーズで過ごすのは多少無理があるわね。最初の数年間は、キャンピングカーでアメリカじゅうを旅してみるのはどうかしら？」

メリッサはこの提案をまじめに考えてくれました。彼女が私の意見を受け入れてくれたことに、私はほっとした気分になり、うきうきしてきました。家やモノを重荷と感じていたのは私だけではなかったのですから。

熟慮を重ねた結果、私たちは小さなトレーラーハウス（訳注：車輪付きの家）を購入することにしました。

「形態は機能に従う」という考えが私は好きです。それは、個人個人の、具体的で、しかも特殊な要件にぴったり合った空間を設定しなくてはいけないという考えです。

すなわち、家を買ってから、部屋をどのように使うかを決めるのではなく、まず、モノの少ない生活という機能を優先させられる空間を設定したのです。あなたが21平米の家で暮らすことになるときは、部屋の隅々まで空間を無駄にせずにきちんと利用する方法を考え出さなくてはならなくなるでしょう。

私たちにとって、それがシンプルライフを始めるきっかけとなりました。

神様も私たちに味方してくれたのは間違いありません。なぜなら、インターネットで買い物をしているとき、偶然、フェイスブック上で行なうヤードセール（訳注：本来は、自宅の庭で行なう不用品の販売）の掲示板が目に留まったからです。

ある人が、この町で家を売る予定の人がいないかと質問をしていました。

はたして、仮想ヤードセールサイトで誰かが土地を探しているなんて偶然はあるのでしょうか？　ふつう、このサイトで売買されているモノは本棚やランプなどの類です。しかし、今回は家なのです。

私はダメもとでメッセージを送ってみることにしました。

するとなんと2週間後に、素晴らしい申し出があり、1か月後には取引が成立したのです。

神様、ありがとうございます！


引っ越しをするのは面倒なことですが、それは同時に不用品を処分する絶好の機会になります。私たちは小さな家に引っ越すために、持ち物を減らす作業に真剣に取り組みました。

私たちは「ムービングセール（訳注：引っ越し時の不用品の処分）」用の簡単なウェブサイトをつくって、不用品の販売を行ない、かなりの儲けを出しました。ほかにも人にあげたり、家族と友人に引き取ってもらったりしました。

結局、約5000ドルの収入となり、さらに税のかなりを免除されました。

しかし、金銭より重要だったのは、不用品を処分したことで自分に自由と活力を取り戻せたことだったのです。


言うまでもなく、モノを処分するのは簡単なことではありません。以前にも、なかなかモノを処分する踏ん切りが付かないことが何度もありました。

たぶん、人から贈られたモノやかつては愛着を抱いていたモノだったせいでしょう。また、かなり高価なモノだった場合、そう簡単には手放せなくなってしまうものです。

このような処分できないモノにしっかりと向き合い、どうして手放せないのか自分に問いかけてみました。今の自分が求めている生活を送るために、もはやかつての成功の定義にしがみつくのは止めることにしました。

私は素敵なモノを手に入れるのは好きですが、本当に喜べる時間は、ほんの束の間です。しかし、手に入れた瞬間の素晴らしい気持ちはずっと記憶に残ることでしょう。

私はモノを処分するか、残しておくかを選ぶとき、取捨選択の理由をはっきりさせるため、自分に次のような質問をしてみました。

●このモノは今の自分にふさわしいモノですか？
●今日、店で見たなら、買うでしょうか？
●このモノを見ているとどのような感情が浮かんできますか？　それは罪の意識？　恐怖？　それとも興奮？
●このモノを利用していますか？　またはいつも目に見えるところに置いていますか？

この質問は、モノを自分の人生に残しておくべきかどうか、決断するのに役立ちました。

私が利用できる空間やエネルギーには限りがあります。だから、私はもうモノをいたずらに所有したくはありませんでした。

たしかに、私の取り組みは極端に思えるかもしれませんが、それを試みることで、自分にとっての幸せとは何であるかに気付き、本当に愛するモノや求めているモノを知ることができました。ずっとそのことに気付けなかったなんて、不思議です。

ライフスタイル・デザイナーやコーチとして、私はたくさんの人に、その人の生き方を変えるのを邪魔してきたものの正体を知らせてきましたが、多くの場合、その正体は本人が考えていたものとは違っていました。

ガラクタで塞がれているのは、床、テーブル、クローゼットなどの空間ばかりではありません。実はあなたが前進することをも阻んでいます。あなたが抱いている夢を隠してしまい、あなたの希望を見えにくくしているのです。

物質的なガラクタはあなたを圧倒し、心を萎えさせてしまう一方で、あなたの最大の弱点を発見して、解決策へと導く鍵ともなりうるものです。

ガラクタを丹念に調べて、そのガラクタがあなたに伝えようとしている言葉を理解することで、あなたは散らかった空間のなかに重要なメッセージが隠されていることに気付き、無限の可能性や新しいチャンスを見つけ出せるようになります。

本書ではモノを手放すためのエクササイズを紹介しています。もしかすると、このエクササイズに取り組むときは、恐怖を感じるかもしれません。

しかし、本書を読み進めていただくうちに、それが自分の持つ根本的問題を指摘してくれる素晴らしい力となることを分かっていただけるでしょう。

ですから、ガラクタを理解しようとしている間は、嫌悪や恐怖ではなく、おもいやりと好奇心を抱くようにしてください。

すべての章には、モノを選択し、整理するためのアドバイスを用意しておきました。

それが「ガラクタがあなたに教えようとしていること」を書き明かしていく部分です。そこでは、ガラクタを重要な鍵として利用することで、あなたの持つ素晴らしい側面がすべて見られるようになるでしょう。

ガラクタがそんな大事なものなら、処分するのはもったいないですって？

そんな心配はご無用です。なぜなら、このエクササイズのテーマは、心のなかの障害を明らかにし、あなたに最高の人生を送ってもらうことにこそあるからです。

私たちはこの問題を深く掘り下げていきます。

ガラクタは、自分とは何かというテーマを探求して、理解し、自分におもいやりを持てるようにしてくれる素晴らしい手段です。

この方法に真剣に取り組むためには、自分で行動に移さなくてはいけません。知識と行動を一体にするのです。

おそらくエクササイズは繰り返し取り組み、検討していくことになるでしょう。それはあなたの従来の人生を見直し、本来の自分に戻すための時間となります。

しかもその過程で、あなたはいくらかお金も手に入れられることでしょう。

「いらないモノ」が教えてくれること　目次

Chapter 1

ガラクタ：その正体は怪物かメッセンジャーか

Clutter:Monster or Messenger

ガラクタ。この言葉を口にするだけで気が重くなってしまいます。

人はモノに支配されています。モノが周りに氾濫してしまうと、まさに身動きができなくなってしまいます。

アメリカだけでトランクルームの面積は２４０平方キロメートル以上もあります。この数はニューヨークのマンハッタン島の３倍以上で、しかもその90パーセント以上が空きのない状態なのです。

アメリカの家庭の65パーセントには車庫があるのに、約10軒に1軒がトランクルームのお世話になっています。[注1] しかしこの数字は驚くほどのものではありません。なぜならアメリカの平均的な家族は、一家庭当たり30万ものモノを所有しているからです。[注2] 借りているトランクルームの数ではアメリカが群を抜いていますが、カナダやオーストラリアでもこの業界は大繁盛しています。

買えば買うほど、家、倉庫、屋根裏、自動車などにモノが溢れていきます。

私たちは、モノに埋もれてしまい十分な空間がないことが問題だと思っている。
実際、空間に対してモノが多すぎる。

ガラクタはあらゆる面で豊かさの障害になっています。うんざりさせられる物質的ガラクタ、そして自分の考えを束縛してしまう感情的ガラクタのせいで、人生や心のなかにくつろげる空間がなくなってしまえば、神様があなたに与えようとしているチャンスを受け取る隙もなくなってしまいます。

もし、あなたが、今とは別の仕事や、親密な人間関係、収入の増加、素晴らしい友人を望んでいたとしても、人間関係がうまくいかなかったり、部屋のなかにたくさんの箱が置かれていたり、膨大な数の本が散らばっているようなら、文字通り成功への扉はぴたりと閉ざされてしまいます。

モノが散らかっているあなたの空間は、あなたの望みとは異なる状況を表しています。あなたがどんなに言葉で願っているようにみせていても、行動を伴っていない状態なのです。

クライアントのスーザンが私のもとを訪れてきました。どうすれば新しい事業を順調にスタートすることができるのか悩んでいたからです。

彼女は現状をなかなか打開できずにいました。

話を聞いてみて、少し調べた後、私は彼女のベッドの下に置いてある収納棚に、かつて彼女が倒産させてしまった事業に関するモノがしまわれていることに気付きました。スーザンはずっと、この倒産した会社の面影を背負いながら眠っていたのです。

このように過去を引きずっていたなら、新しいことを始めようとする意欲も湧かないでしょう。

まず、この棚を空にする作業から取り掛かりました。その結果、彼女は新しい事業でやりたいことが見えてきて、最初、考えていたのとはまったく違った方向に事業が展開していくことになったのです。

もちろん、棚を開けてモノを整理したからといって、新しい事業が魔法のように大成功するというわけではありません。

しかし閉じ込められていたエネルギーが解放されることで、彼女は自分の目標をしっかりと見据えられるようになり、新しい事業を着実に成長させていけるという確信を持てたのです。自分に自信を取り戻すことができたのです。

失敗した事業の遺産の上で眠るのを止めたことで、彼女の寝つきはよくなり、一晩中熟睡できるようになりました。

消極的な態度、束縛された思考、山積みになったモノ。このような精神的・物理的ガラクタに取り囲まれていると、人生の障害を克服するための素晴らしい選択肢や独創的解決策は見つけられなくなってしまいます。

最初はほんのわずかだった物質的ガラクタでも、やがてせっせと精力的にため込まれてしまいます。

そうなると、あなたに幸福をもたらすはずの神様とのつながりはますます希薄になり、幸せを受け取りにくくなってしまいます。

それを防ぐためにも、ガラクタを少しでも減らして、狭くなってしまった神様とつながるための道を広げておきましょう。そうすれば、停滞した自分の中に、流れが生まれてくることに気付くはずです。

このような流れが、あなたに贈り物やチャンスを届けてくれます。

あなたの心は神様とチームのように一体となっていくでしょう。これで、あなたはいつでも神様から助けてもらえるようになったのです。

しかし、このような状況を築き上げるためには、あなたの元に神様を迎えられるようにする必要があります。そしてそのための手段こそ、今話したように、足の踏み場もなく散らばった場所に、空間を創り出すことなのです。

しかし、ガラクタはあなたを妨害しようとしているわけではありません。むしろ、あなたの関心を引こうとしています。あなたがうまくいかずに、堂々巡りをしていたり、躓いたりしている場所を教えようとしているのです。あなたにとっての本当の障害が何であるかに気付かせ、そこに取り組むきっかけを作ろうとしているのです。

このような角度から眺めてみると、自分が窮地に陥った状況を教えてくるのですから、ガラクタに対して親しみさえ感じられるようになるでしょう。

ガラクタをそのままにしていて、一体どんな得があるのか、調べてみてください。

別に、ガラクタと無理に格闘する必要はありません。むしろ、互いに一種の信頼関係を築き上げ、親友になってください。

そうすることで、ガラクタは怪物ではなく、あなたに大切なことを伝えてくれるメッセンジャー（使者）になります。そのメッセージを伝えてもらった後に、きっぱり縁を切ればいいのです。

私はガラクタを、理想の人生を送ることを邪魔するすべてのもの、と定義しています。

例えば、服がはみ出している、時代遅れの衣裳戸棚もそのひとつです。また、どう処理していいのか分からず困っている書類もガラクタです。さらには心につきまとって離れない痛み、うまくいかない人間関係、借金、余分な体重もすべてガラクタなのです。

あなたをへとへとに疲れさせてしまう友人はどうでしょう？　それももちろんガラクタです。「完璧にできないなら最初からやってはいけない」といった誤った信念も、実はガラクタの一種なのです。


ガラクタとは魂の起こす癇癪である。

さあ今こそ、ガラクタが話していることにじっくり耳を傾ける時間だ。


ぜひ叶えたいと思っているいくつか——またはひとつの大きな——目標を考えてみてください。

その願望を思い浮かべた次の瞬間、実行できないあらゆる理由が浮かんでくるでしょう。

そして、やっても仕方がないと考えてしまうのではないでしょうか？

予算がきつい、約束が多すぎる、技術が足りないといった、できない理由づけは実はすべてガラクタなのです。

ガラクタを片づけてください。自分の人生にはもうふさわしくなくなったすべてのモノを取り除かなくてはいけないのです。

真の充実感と喜びを手に入れるためには、足の踏み場もないほど塞がれてしまった場所に隙間を作り出す必要があります。その空間を生み出すことで、あなたの元に豊かさが訪れるのです。


ガラクタがたまってしまう原因は、整理整頓ができないからですが、そこには必ず感情的な要素が絡んでいます。

その要素を調べれば、目標を達成できない理由やうまくいかない原因を驚くほど見抜けるようになります。

あなたは素敵な恋がしたいと思っていても、いい人がいないと端から諦めていませんか？

現在の友人や家族との関係はどうでしょう？　その関係には何かしら決まりが設けられていて、あなたに制限を加えてはいませんか？

もしそうだとするなら、その圧力のせいであなたの人間関係に支障が出ており、新しい人と出会える機会をなくしてしまっています。

あなたをそんなに悲しませているのは、過去を引きずっている自分自身ではないでしょうか？　おそらくそれがあなたの前進を邪魔しているのです。

自分は人に愛される資格がないと感じていませんか？　このように、あなたを阻む信念こそが犯人です。

これらはすべてガラクタです。

金銭面でストレスを感じていませんか？　お金に関する偏見、請求書の支払いの遅延、お金持ちに対する不満などを抱いていませんか？

ガラクタは、あなたの人生のバランスが乱れていることを、しっかりと教えてくれます。自分がどんな点に注意しなくてはいけないのかを指摘してくれるのです。

それは道路上に設置されている点滅信号の矢印のように、進むべき方向を指し示してくれます。ガラクタはあなたが思いもしなかった人生の側面を照らし出してもくれるでしょう。

人生には物理的なモノばかりではなく、もっとはるかに多くのガラクタが存在しています。そう言われると問題が余計複雑になったように感じるかもしれませんが、実際はその逆です。

ガラクタが人生を変える鍵を握っていることに気付けば、ガラクタを処理することはまるで宝探しのようになります。

（物質的、感情的に）たまっていくガラクタに抵抗して、障害が魔法のようになくなることを願うよりも、むしろこのたまっているガラクタがあなたに何を伝えようとしているのかを考えてみてください。

散らかった環境のなかにメッセージを聞こうとするとき、考えなくてはいけない質問は次の通りです。

●ガラクタを片づけられない理由は何ですか？
（「時間がない」という言葉以外で答えてください）

●ガラクタがすべて処分できたなら、どうなるでしょう？
（「ほっとするだろう」という言葉以外で答えてください）

●ガラクタを処分してもはや生活に障害がなくなったら、どんな時間を過ごしますか？
（この答えとしては、自分の専門分野をさらに深める、恋愛、人生の夢の追求などが挙げられるでしょう）

●あなたにとって脅威に感じる職務、計画、目標とは何ですか？（ガラクタを、このような恐ろしい目標を追求せずに済ませるための便利な口実として使ってはいませんか？）

自分で気付いていないことを、変えることはできません。魂は必死になってあなたの関心を引こうとしています。それはどうしても伝えたいことがあるからです。しかし、あなたに話を聞いてもらうことを難しいとも感じています。魂があなたに伝えようと思っているのは行動への呼びかけかもしれませんし、助けを求める叫びかもしれません。いずれにしても、いつまでも始末できないガラクタの存在自体が、物質的ガラクタ以外に心に何か深い問題が存在している証なのです。

私のクライアントのマイクはキッチンテーブルの上にいつも書類を積み上げていました。その書類の山のなかには、以前請け負ったグラフィックデザインの契約書があり、なかにはもう処分し、整理しなくてはいけないものも含まれていました——彼は新しい仕事を探す前に、それらを処分しておかなくてはいけないと感じていて、やろうとはしていたのですが、実際にはずっと机の上は手つかずのままでした。

処分するには時間がかかりすぎて、すべてを終えるには3時間は必要になる、と彼は言っていました。

一気に処分するか、そうでなければそのままにするか、二者択一で考えていたのです。そこで、私は15分だけでも書類の山を処理するように彼に忠告しました。

白か黒かの二者択一の考え方では、勝つことなどできない。

そうすることで、作業はいくぶん進みはしましたが、多少処理しても、書類の山はその後も相変わらず増え続けました。

何度か、このような状況を繰り返した後、私は別の手段を使うことにしました。マイクに新しい仕事を見つけたら、気分はどうなるかと、尋ねてみたのです。

「そうですね、まず職を探すことが先決ですね」と彼は素直に認めました。「今までは自由な時間を楽しんできました。でもそろそろお金を稼がないと、請求書を支払えなくなってしまいます」

「今のような契約の仕事は好きでやっているのですか?」

「ええ、これで構いません。このような仕事では、私が望むような独創性は発揮できませんが、まあお金があれば請求書の支払いはできますから」

マイクは仕事を「請求書を支払う」手段にすぎないと言っていました。その言葉を口にしたのは二度目でした。そこで、私は彼に創造的な仕事ができたならどうなるか想像してもらい、それを説明してもらいました。

「そうなったら、私の芸術的な目を生かさなくてはいけませんね。クライアントのためにも独創性を発揮しなくてはいけません。クライアントのほうも私にそれを求めるようになるでしょう。今までの私の仕事は、リスト上のタスクにただチェック済みの印をつけるだけの、誰だって簡単にできる仕事でした。そこにはなんの刺激もありません。創造力を発揮する仕事ができるとしたら、なんて素敵なことでしょう」

「なんだか、声が今までとは違って聞こえますね」と私は印象を伝えました。「今、あなたは仕事に没頭しているときの顔つきになっています。独創的な仕事のことを考えてワクワクしているせいですね。そんな素敵な仕事が見つけられたら、すぐに、山積みにされている書類を片づけられますか?」

「そうですね、すでにこの書類が私を足止めしているように感じられてイライラしてしまいます」

この時点で、見当がつきました。書類の山を後回しにしていたのは、時間が不足していたせいではなかったのです。マイクは、この書類の山を処分したら、退屈な仕事にまた戻らなくてはならなくなると考えて、仕事を先延ばしにしていたのです。

そこで私は言いました。

「この書類の山を処分するための最初の一歩は、自分の好きな独創的な仕事を探すことですね」

「その通りです！」

彼はまず刺激のある仕事を探すことにしました。その仕事の手がかりが見つかると、もうガラクタの山の問題はなくなっていました。実際、ファイルにとじたり、捨てたり、シュレッダーにかけたりするのに3時間はかかると予定していましたが、なんと1時間でこの作業を終えてしまったのです。

そして、すぐに興味を抱ける仕事がふたつ契約できました。

書類を処分してから、新しい仕事を探しに行こうと考えたのは、楽しくない仕事を避けるための苦肉の策でした。だから、いつまでもガラクタはそのままにされていたのです。

意識的にそうしたわけではなかったのかもしれませんが、職探しをできるだけ後回しにするための言い訳になっていることはうすうす気付いていたはずです。毎日、書類を見るのにうんざりしていたこともあったかもしれませんが、もっと彼を悩ませていたのはやりたくもない仕事をすることだったのです。

自分の仕事が嫌いだという事実に直面しても、請求書を支払うためにこれは仕方がないと諦めていたのです。早く片づけられなかったのは、書類というガラクタのせいではなかったのです。

この世はエネルギーの流れでできています。このエネルギーを滞りなく流れさせるために実際に必要となるのは、視点を変化させて、他の選択肢を見たときに希望ややる気を感じられるようにすることです。ガラクタがあなたの家や心にたまっていると、障壁となり、エネルギーが流れなくなってしまいます。

あなたも、何もかもがうまくいかないと感じられるときがあるでしょう。すべてのことがどうでもいいように思えてしまい、自分は幸運とは無縁な存在だと思い込んでしまうのです。

しかし、自分が完全に波に乗っている状況を考えてみてください。

すべてのことがうまくいき、棚から牡丹餅のようにチャンスが降って湧いてくるように思える状況です。

それがガラクタなどひとつも落ちていない道が創り出してくれるパワーです。エネルギーがまるで追い越し車線を突き進む車のように勢いよく流れていきます。それこそ私たちが望んでいる状況です。

道は晴れ渡り、ずっと切り開かれていきます。流れに乗ることで、道は新しく舗装され、どこまでも続いていくのです。

Action Time!

次の質問に答えてください。

1・実行しようと思っていたけれど、踏み切れずにいたり、十分にやれないままにしていることは何ですか？

2・夢を実現するためにもっと時間を使ったり、関心を払ったりするのを邪魔するものとは何ですか？

3・質問２への答えのなかで、どのようなガラクタが現れていますか？（忘れないでほしいのは、自分の邪魔をするものはすべてガラクタであるということです。何を処理すべきか選んでください）

※このエクササイズに答えるときは、心に浮かんできた言葉をそのまま書き出してください。検討を加えたり、編集したり、判断したりしてはいけません。

Chapter 2

抵抗の背景にある秘密

The Seacret behind Your Resistance

とうとう流れる水路が開かれていると考えるのは、素敵なことではありませんか？ 義務、恐怖、重圧から解き放たれるのは素晴らしいことではないでしょうか？ これまでの八方塞がりの状況に風穴を開けることで、選択肢、チャンス、可能性が見えてくるようになると考えてください。これはとてもいいことではありませんか？

そんな方法が存在していることが分かっても、ガラクタを処分する気はまったく起こらないかもしれません。一体、何が抵抗しているのでしょう？ あなたが怠け者だからでしょうか？ それとも性格ががさつだから？

確実に言えることは、あなたがそんな性格であったとしても（私はそうではないと信じていますが）、それ以外にも原因がある、ということです。

ここで、あなたもよくご存じの人物を紹介することにしましょう。それはあなたの心のなかにいる批評家です。

この人物は変化を好まず、何かを変えようとするといつも抵抗してきます。ずっと今のままでいるのが彼にとっては幸せだからです。自分がよく知っている、安心できる場所にいたいのです。彼は無理に波風を立てる必要などないと固く信じています。あなたが目的を先延ばしにしてしまう原因を背後で作り出しているのは、実はこの批評家なのです。

努力すれば事態が改善できる場合でも、心のなかにいる批評家は拒否してきます。まるでまったく言うことを聞かない子どもです。自分のやりたいこと以外は認めようとはしません。安全な場所から離れようとすると、警鐘を鳴らし、あくまで現状を維持しようとするでしょう。

心のなかに住むこの批評家は馬鹿ではありません。彼は、あなたの一番弱い面をたくみに捉えて、必ず最も即効性がある、効果的な方法であなたの邪魔をします。

やるべきことがあまりにも大変で手に負えないことがひとつの恐怖だったとしましょう。そのような場合、心のなかの批評家は次のように話し始めます。

「今は、絶対に無理だ。取り組むには数時間必要になる。来週の週末まで実行するのは待った方がいい」

「一体どこから始めるつもりだ?」

「もっと専門知識に詳しい人を雇うべきだ」

このように絶えず気を散らし、あなたの恐怖を現在に集中させることで、あなたを行動に移せなくするのです。

おそらく、あなたは閉じてある袋を開いたら、一体何が飛び出してくるのか、目にするのが怖いのです。

あなたの心のなかにいる批評家は次のように筋書きを変えていきます。

「この葉書が捨てられないのは分かっている。これはお母さんが送ってくれた葉書だから」

「この箱を開いたら、破綻してしまった結婚の記憶を呼び覚ましてしまう」

「昔、学位取得のカリキュラムで使った書物は捨てずにいよう。また読み返すこともあるかもしれない」

こうして再び、あなたはこの批評家の言いなりになってしまうのです。

つまりはこういうことです。あなたの心のなかにいる批評家は、小さな嘘をつくのが好きなだけで、実際に、あなたにひどい迷惑をかけるつもりなどありません。現状を変えられてしまうのが怖いだけなのです。だから、あらゆる言い訳を使って、あなたが前進するのを阻止しようとします。彼の目には、現状を変えてしまうのはすべていけないこととして映るのです。

しかし、自分には処理できないと思って、ガラクタをそのままにしておくと、あなたの理想の仕事は手に入らなくなってしまうでしょう。恋人を探す、世界中を旅する、健康を改善するといった夢も、ずっと果たせなくなるのです。

あなたの心のなかの批評家がガラクタにしがみついているのは、それが大切なものだからではありません。恐ろしい目標からあなたの目を逸らしておくためなのです。

あなたの心のなかの批評家は愛すべき嘘つきである。

私のクライアントのサマンサは、何か月も自宅を売ることを考えている、と話してくれました。彼女には2年間、遠距離恋愛をしているボーイフレンドがおり、一緒に暮らすことにしたのです。

サマンサは恋人の家に住むことになりました。彼女はこの引っ越し先も気に入っていて、そこが自分の家になることに、ワクワクしているように見えました。

ところが、自宅を売りに出す前に、車庫をまだ空にしていないことに気付きました――すでに、不動産仲介業者が家の売値を出していましたし、友人と家族を二度家に招いて、車庫の整理を手伝ってもらっていました。ところが、せっかく空間を空けても、再びモノで埋まっていくのです。

「一歩前進、二歩後退という感じです」とサマンサは話してくれました。

彼女と私は車庫の奥に置いてあるモノを調べ、そこが再び散らかってしまう原因を話し合うことにしました。

「ええと、私は友人に頼まれて、2、3日、車庫に箱をいくつか置かせてあげることにしたんです。箱には芝生掃除用の機器が入っていて、友人はその扱い方を理解する間、預かってほしいと言ってきたのです」

ところがこの「2、3日」の予定が、2週間に延びてしまったというのです。

私は話を変えて、引っ越しの計画がどうなっているのか尋ねてみました。一体彼女は引っ越しについてどのように感じているのでしょう？　新しい人間関係について準備はできているのでしょうか？　現在住んでいる場所を離れてしまうことについて、実際にはどう感じているのでしょう？

彼女の答えは、ボーイフレンドのことを心から愛していて、新しい人生を過ごすことにはとてもワクワクしているし、引っ越しの計画には多少なりのストレスもある、という予想の範囲内のものでした。

しかしやがて、ガラクタを理解する鍵について口にしだしたのです。

「両親から離れてしまうのが多少不安です。まだ健康で、人の助けを必要とはしていませんが、もう歳も歳なので」

詳しく話すうちに、私は彼女が両親を心配していることに気付きました。彼女は、両親に何かあればきちんと世話をする覚悟のある親孝行な子どもだったのです。

それから、私たちは引っ越した後に、遠く離れた彼女の両親をどのように気遣ったらいいのかということについて、いろいろと話し合ってみました。そして、サマンサは自分の親への不安について兄弟とも話し合ってみて、兄弟に親ともっと親密にしてもらうことにしたのです。

ですが、サマンサは兄弟から支援してもらう話をした時点では、そのことが車庫の片づけを容易にするとは信じていませんでした。前章で紹介したマイクの書類の山の件と同様に、問題は車庫のなかのモノにはありませんでした。彼女が変化を恐れて、自分の現状を維持したいがために、車庫のなかをずっとモノで埋めていたのです。

彼女の前進を阻止しようとしたのは彼女の心のなかにいる批評家でした。その理由は引っ越すのが嫌だったからではなく、自分の抱いている恐怖にまだきちんと対処できていなかったからなのです。

しかし、サマンサが勇気をもって兄弟に両親への支援を求めたことで、その不安は解消されました。だから、心のなかの批評家は車庫を片づけることに同意して、自分は身を引くことにしたのです。

魂があなたに話し掛けていることに、もっときちんと耳を傾け、もう恐れる必要などないことを教えてあげてください。そうすることで、成功への小さな一歩を踏み出すことができるでしょう。

それを実行するための鍵が、ずっと置きっぱなしにしていたガラクタを処分しようとすることです。

しかし、心のなかの批評家は、それに抵抗してきて、恐怖を抱いて、行き詰ってしまうのも仕方がないと話し掛け、行動を妨げてきます。この意見にうかつに頷いてしまうと、恐怖のせいでエネルギーは奪われ、あなたの人生はハムスターの車輪回しのように、ただぐるぐる回り続けるだけで、まったく進歩などできないものになってしまいます。

あなたの心のなかの批評家はしつこくて、絶えず反抗してくるかもしれません。

しかしこの人物を扱うための最も優れた方法は、彼を愛し、思いやってあげることです。争ったりせず、協力してあげることで、邪魔されるどころか、逆に強いタッグを組むことができるのです！

批評家を最高の相棒に変えるためには、一定の方法に重点的に取り組む必要があります。「即席」でやっても効果はありません。批評家はすぐに気が散ってしまい、あなたもすぐに彼と同じ状態に陥ってしまいます。

できるだけ気を散らさずに、自分で決めた範囲内で行動するようにしてください。

変化に何とか不自由なく順応していけるようにするには、ごく小さな一歩から始めてみることです。

行動を先延ばししていることに気付いたなら、目標を一気にやろうとするのではなく、目標全体を自分ができる小さな部分に分けてから行動してみてください。それでも批評家はためらってくるでしょう。しかしそれにめげたりせず、その作業に安心して取り組むことができるようにしていくことです。

批評家にとって必要なのは、自分の話していることをあなたがきちんと聞いてくれていると納得することだけなのです――聞いてくれないと思っているうちは、ずっと文句を言ってきます。批評家は、自分が無視されていると感じている間は、ずっと喚き続けることでしょう。

このような混乱した状況は、たくさんの形で表にも現れてしまいます――ガラクタがもっと増えたり、1週間、憂鬱な気分にさせられる不快な鼻風邪をひいたり、注意散漫になったり、身体がうずいたり、家族や友人から掃除を邪魔されたり、いざガラクタを処理しようとするときまって誘いを受けたりします。

心のなかの批評家は、現状をずっと維持したいがために、ガラクタの処理計画をずっと阻止することを楽しんでいるのです。

ですから、ガラクタの処理に着手する際は、心のなかの批評家から多くの反発を受けることになるでしょう。ですが、この状況を無視して片づけに取り掛かってはいけません。少し時間を使って、ガラクタ退治に着手しようとするとき、何が起きているのか観察してみましょう。

最初に対処しなくてはいけないガラクタは、あなたの心のなかの抵抗感です。まずこの抵抗を素直に受け入れてください。そしてこの抵抗を口に出してみて、次に何も危険はないと口頭で話し掛けてください。それがあなたの心の批評家の気持ちを鎮める役に立ちます。

あなたは批評家にひどい苦労をかけられているように感じるかもしれませんが、その関係がいつも一方通行であるというわけではありません。あなたと心のなかの批評家は持ちつ持たれつの関係にあるからです。批評家は、計画、献身、戦略が必要であり、あなたのほうは彼の創造力、遊び心、好奇心が必要です。

だから、批評家が警告を発してきたときは、少し時間を使ってそれに気付けるようにしてください。そのような配慮を欠かさなければ、掃除ははるかに捗っていくでしょう。

ではここでひとつ提案をしておきます。ぜひガラクタ処理を習慣として、定期的に行なうようにしてください。物理的なガラクタや感情的なガラクタに対処する際には、2分間かけてあなたの心に浮かんでくる抵抗感を調べ、事のなりゆきを見守ってください。この検証をするだけで、ガラクタという障害を取り除ける場合が少なくありません。

Action Time!

自分を困らせているガラクタが存在している領域を再点検しましょう。

タイマーで10分間を計り、「どうしてこのガラクタを処分するのが難しいと感じるのか？」という質問に答え、心に浮かんできたものをすべてそのまま書き込んでください。

その答えにいちいち難癖をつけたりしてはいけません。余計なことはせずにそのまま記述してください。


時間が経過したなら、２、３回、深呼吸をして、意識を集中します。

では次に、書いたばかりの言葉を読み返してみましょう。

心のなかの批評家と一緒に読んでください。その際には、相手に優しく、思いやりを込めてください。心のなかの批評家に、一緒に読むのが適切なことだと気付かせるのです。


多少安心感を得られた後、ガラクタを再点検してみます。

では、今までとガラクタに対する見方が変わってきたか、確認してください。

Chapter 3

あなたのガラクタが話せたとしたなら

If Your Clutter Could Talk...

あなたの心のなかにいる批評家は、ガラクタをずっと散らかしっぱなしにして、今の状態を続けようとしています。しかも、ガラクタはあなたの思いもよらなかった人生の領域にも姿を現してきます。これからそのすべてのガラクタをしっかり考えていくことにしましょう。

おそらくあなたがガラクタという言葉で頭に思い浮かべるのは、書物、郵便、書類、玩具、服、台所の小物などでしょう。

しかしそれだけではなく、後悔、恨み、時代遅れの考え、さらには心のなかの批評家がいつも口にしている言葉もガラクタに含まれます。

このようないわゆる心理的なガラクタは、物質的なガラクタにも影響を与え、互いに悪影響を及ぼし合っている場合が少なくありません。

職場での長い一日を終えて、家に戻ると、ダイニングテーブルの上にたくさんのモノが積み上げられていたとしましょう。こんな惨めな状況を眺めていると、あなたのエネルギーは徐々に奪われていき、すぐに片づけられない自分を責めてしまいます。モノを置くのは止めてくれと言ったのに、ここにモノを積み上げた家族に対してイライラが募っていきます。

突然、テーブルの上のモノは、たんなるモノでは済まされなくなります。心のなかの批評家が文句を言う絶好の口実を作ってしまうからです。自分はひどい怠け者で、家族に全く尊重されておらず、努力が無駄になっていると思い知らされることになるのです。

しかし、そんなことばかり考えていては、人生を前向きに変えていきたいと思っても、絶対にできっこありません。これでは気が滅入るばかりです。

いや、状況はさらに悪化していきます。このような感情的ガラクタを無視していると、たちまち周りには物質的ガラクタが溢れてきます。

例えば、不健全な関係を許容し、相手の要求をなんでも受け入れていたなら、ますます消耗は激しくなってしまい、家庭内の維持管理が疎かになります。

実は、外の世界はあなたの内面の世界が映し出されたものなのです。あなたが不安を抱いていれば、その影響は環境のなかにも必ず現れてきます。

友人のブライアンの夫婦仲は最悪でした。この険悪な状態はずっと前から続いていました。彼はインターネットで買い物することで、この悪感情を鎮めていました。配送されてきた箱を開くとワクワクして、一瞬、日ごろの憂さを晴らすことができたのです。

妻に離婚を求めることも考えてはいました。しかし、そのためにはまずたくさんのモノを処分しなくてはいけないと感じていました。なぜなら離婚が成立したらすぐに引っ越さなくてはいけないと考えていたからです。

ところが、彼はネットショッピングでたまった大量の品物を処分することの大変さにおのののいて、片づけを先延ばしにしてしまいました。

彼は悪循環に陥っていました。離婚を望みながら、そのためにはあまりに多くのことを処理しなくてはいけないと感じていたからです。

結局、ずっと感覚は麻痺したままで、またモノを買うことに熱中していったのです（その結果、処理しなくてはいけないモノはさらにたまってしまいました）。堂々巡りの状態が続いたままだったのです。

ブライアンはこのままではどうしようもないことに気付き、作戦を変えることにしました。自分の尻を叩いて、まず離婚を求めることにしたのです。

その結果、どうなったかはあなたもお分かりでしょう。これでインターネットでの買い物はぴたりと治まり、さらにはモノを売ったり、寄付したり、気前よくあげたりすることができるようになったのです。

こうして新しい人生の一章が始まると、すぐに生活は大きく変わっていきました。

大変驚いたことに、ガラクタを処理するためには、ガラクタから感情的な問題を切り離す前に、勇気をもってきっぱりと離婚を決意することが必要だったのです。

ブライアンのガラクタは環境のなかに現れてきたものです。彼はこの状況を物理的に片づける前に、まずその症状を作り出した根本的原因（離婚）に挑んだのです。

では次に、ガラクタの種類やガラクタがたまりやすい場所には、一体どのようなメッセージが含まれているのかを探求していくことにしましょう。

◆ガラクタのたまりやすい場所

ガラクタをためて、ずっと掃除ができないままでいる場所が誰にでもあるものです。

このような場所は、どこから手をつけたらいいのか分からず、自分の家には不釣り合いなほど大量のモノで溢れているように見えます。

このような場所には、一体どのようなメッセージが隠されているのでしょうか。

ガラクタがあなたに伝えようとしているメッセージは、そのガラクタがたまっている場所ごとに考えたとき、理解することができます。

◆クローゼット

クローゼットは、知られたくない秘密が隠されている場所です。

クローゼットの奥にある洋服は、人生のなかでも幸せで、健康だった時代、またはかつては自分の趣味や目標だったものを反映するガラクタです。その服は、時間が経っても、忘れ去られることはありません。

ここに隠されたガラクタは、エネルギーを流出させてしまうので、常に注意をして処分しなければなりませんが、心のなかの批評家はあなたがこれらを処分しようとすると何かと難癖をつけてきます。

◆調理台とテーブルの上

目に見えるガラクタは、絶えずあなたからエネルギーを吸い取っています。しかし押し入れに隠したとしても、失ったエネルギーを取り戻すことはできません。

テーブルの上にたまってしまうガラクタは、システムを構築することで効率的に対処できるようになります。例えば、積み重ねられている郵便物は、送られてきたときに選別し、必要ではないものは捨て、必要なものだけ残しておく習慣をつければ、問題は簡単に解決できるものです。

はっきり目に見えるガラクタは、あなたの関心を促して、整頓しなさいという明白なメッセージを送っています。それを無視すると、「自分の優先度は高くない」というメッセージを自分自身に送ってしまうことになります。

◆机／事務所

会社の本社にガラクタがたまってしまうと、資金繰りが苦しくなってしまう恐れがあります。おそらく、支払いを避けている勘定書、申告していない税金、残高照会が必要な銀行取引明細書が机の上に残っているでしょう。

また郵便物のせいで、部屋はまるでゴミ捨て場のような惨状を呈しているかもしれません。いずれにしても、このようなガラクタに対しては、予定を立てて、選別作業を行なってください。そうすれば、必ずあなたの利益となるでしょう。

本社以外の工事事務所などにたまっているガラクタにもやはり同じことが言えます。あなたの事務所は、仕事の性質上、散らかっているかもしれませんが、必要のないモノをためてしまえば、やはり生産性は低下して、仕事の妨げになってしまい、あなたの昇進は見送られ、仕事では危険な目に遭う恐れがあります。資金繰りもやはり苦しくなってしまうでしょう。

机が散らかっているのは、あなたのお金に関する考え方が偏っているせいかもしれません。

あなたは自分よりたくさんのモノを所有している人を批判したりしていませんか？

自分の銀行預金残高が増えたなら、他人から嫉妬され、白い目で見られるのではないかと恐れたりしていませんか？

◆車

車のなかにたまってしまうガラクタは、しばしば困惑を感じさせる最初の徴候になります。

毎日、次から次へと仕事に飛び回ってはいませんか？　カレンダーの予定がぎっしりと詰まっていませんか？

あなたの自動車のなかのガラクタは、現在、あなたには休憩時間が必要なのだということを告げているのかもしれません。

◆車庫

車庫のなかではモノは背景にすぐ溶け込んでしまいます。だから、ここは重要なモノを置いている場所とは言えないでしょう。

しかし、家に出入りするたびに、目の前にこのような散乱した状態を見せつけられることになれば、やる気は徐々にそがれてしまいます。

散乱した箱や瓶を意識的に見ないようにしても、あなたの心は、毎日、この混乱した状況に反応してしまうことになります。

それはあなたに良くない影響を及ぼし、自分の目指す方向に目を向けられないようにしてしまいます。

◆屋根裏部屋

私はよく屋根裏部屋のことを、ガラクタたちの墓場と呼んでいます。この場所に置いてある多くのモノは、過去と強く結びついており、あなたの成長を妨げています。

おそらく先祖から残されているモノを処分すると罰が当たってしまうと思っているからでしょう。それに加え、あなたの子どもが着ていたベビー服も捨てられずにいます。自分にとって貴重なあの歳月にずっとしがみついていたいのです。

家の屋根裏部屋にある多くのモノが、あなたの成長を妨げている恐れがあります。

◆体

ほとんどの人はガラクタだとは思っていなくても、やはりガラクタにほかならないものがあります――それは体にためた余分な体重です。

しかし、この典型的なガラクタは重要なメッセージを持っています。

健康な食生活を送り、きちんと体を動かしていれば体重は増えず、誰もがスリムでいられるはずです。ですが、それよりももっと多くの要因があるために太ってしまうのです。そしてこの余分な体重という名のガラクタに含まれるメッセージは非常に強力です。

太り過ぎは、他人からの重圧、つらい人間関係、不快な心の声などのストレスが原因で起こります。傷つきやすい自分を守るため、自分を目に見えない透明人間のような存在として感じるために、食べてしまうのです。

つまりあなたは食べ物を詰め込むことで感情を抑えようとしているのです。食べることで恐怖や不満といった否定的な感情を鎮めようとしているのです。

私たちの心は愛されたい、許されたい、同情されたいと大声で叫んでいます。その願いが叶わないと、その代償として、食べて自分自身を太り過ぎへと駆り立てる傾向があります。

どうしてそうなってしまうのでしょうか？　それは、食べることがこれらの心に突き刺さるメッセージを宥めすかしてくれるからです。

◆人間関係

消極的な人、いつも不平を言う人、悲観的な人。このような人と付き合っているとするなら、関係を考え直さなくてはいけません。

なぜなら、あなたの心のエネルギーを吸い取られてしまうからです。彼らはまさしく生気を吸い取るバンパイア（吸血鬼）です。

こういう人から自分の身を守ろうとしていると、物質的ガラクタがたまってしまうことが少なくありません。

あなたにもかつて怒ったり、恨んだりした人がいるはずです。この時のマイナスの気持ちが消えないままでいることも、ひどく有害な感情的ガラクタです。その気持ちはあなたの精神の深層に潜んでいき、幸せをゆっくりと蝕んでしまいます。

このような種類のガラクタを処理するために、私がよく利用するテクニックが、思いやりのある聞き方をすることと、相手を許してあげることです。

腹の立つ人のことを考えてみましょう。その相手を許そうとするならば、まずは相手もあなたに不快な気持ちを抱いたから意地悪をしたのだという事実に気付きましょう。

誰も朝、目を覚ますときは、「今日は、誰をイライラさせてやろうか?」などとは考えたりはしません。ふと思い立って、このような振る舞いをすることもありません。現時点ですでに起こっている事態が原因となっているのです。

自分のことを不当に扱っていると感じる人を許すのは、思いのほか難しいことかもしれません。しかし、許し、水に流してしまいましょう。その人物がやったことなど、どうってことないと言えるようにしましょう。

実際に、許しとは、他人より自分にとって大事なことなのです。

自分自身を不快な状況から解放して、もうくよくよ考えたりしないようにしましょう。そうすることで、新しい人生に向かって動き出すことができます。

恨みを抱くのは、人が死ぬのを待ちながら、実際は自分に毒を盛っているようなものだという言葉を耳にしたことがあるでしょう。私の場合、ちょっとしたおまじないを唱えることで、この毒を飲むのを止めて、苛立つ感情を抑えています。

目を閉じて、その人物のことを考えながら、「彼女は嫌な人間なんかじゃない。ただ傷ついているだけなんだ」と考えます。時には、イギリスのロックバンド、ホリーズの名曲『兄弟の誓い』の「ちっとも彼は重くない（足手まといなんかじゃない）。だって自分の弟なんだから」という一節を口ずさむこともあります。人間関係でたまってしまったガラクタを片づけるために、できる手段はなんでも試してみるべきです。

あなたが本当に許してあげなくてはならない人とは一体誰でしょう?

それはあなた自身にほかなりません。

人間はどの瞬間にも、自分ができる最善のことを行なっています。そして、より良いことを知ればより良いことをするようになります。不満がたまったら、どうすれば次の機会にはそれとは違った行動が取れるようになるのかを学ぶためのチャンスだと思ってください。自分自身に優しく、親切に接してあげましょう。

今の自分を好きになってください。そうすることこそ、自分が望んだ状態に最も素早く到達する方法なのです。絶えず自分を前向きな人間に変えていくためには、自分を責めたりしてはいけません。自分で自分を叱っていては、成功を手にすることなど無理な話です。

自分を愛することは、今、たとえ感情的、物質的なガラクタがあったとしてもできます。それはまさに誰でもない、ほかならぬ自分自身で手に入れられるものです。ガラクタを片づけられたなら、その愛が蘇ってくるのです。

今の状態がどうであれ、自分に思いやりを持ってください。それがあなたを大きく成長させるための原点となります。

◆気に病むこと

悲観的な考えや不安ほど、素早くあなたの心を掻き乱してしまうものはありません。不安が高じて、感情が抑えられなくなってしまうと、不快な気分になってしまいます。ああなってしまったらどうしよう、という不安がずっと消えなくなってしまうのです。ところが、本人はそう考えることで、将来訪れてくるあらゆる事態に備えている気になっているのです。

しかし、ことわざで言われているように、「不安とは自分が望まないものが実現するよう祈る」ことです。

不安な心に支配されず、心のなかに多少のゆとりを持つことで、自分に安心感を抱けるようにしましょう。ゆとりを忘れずにいれば、やがて気持ちも穏やかになり、冷静に対処できるようになるでしょう。

では、メッセージをもっとはっきりと届けられるようにする方法をさらに詳しく探るために、ガラクタとしてたまりやすいモノを具体的に検証してみることにしましょう。そうすることで、あなたはそのモノが何を自分に伝えようとしているのか、気付けるようになるでしょう。

◆よくあるガラクタの容疑者

さらに深く調査してみましょう。

ひとつひとつのモノやその種類を考えるとき、そこから頭に浮かんでくる言葉にじっくり耳を傾けてください。その言葉は、批判とか、命令ではなく、前向きな励ましに感じるものもあるかもしれません。その違いが、ガラクタと重要なモノとを区別する大切な目安となります。

もし好きではなく、必要もなく、使ってもいないなら、それはガラクタである。

◆本

書物は人に多くの期待を抱かせてくれます。小説は楽しい娯楽を提供し、自己啓発書は長年抱えていた苦悩に忠告や答えを与え、参考書は知らないことをすぐに教えてくれます。

しかし、書物の目的がそれだけのものであるならば、どの本を捨てて、どれを残していくかは比較的簡単に選べるはずです。

多くの人にとって、本とは親友のような存在なのではないでしょうか？　あなたは物語に夢中になり、登場人物と一緒に冒険へと旅立ってきました。かつてこんなにワクワクさせてくれた本をどうして手放すことなどできるでしょう？

しかし、処分するかどうかは、昔ではなく、今、現在をどのように考えているかで決まるのです。かつて大好きだったからといって、永遠にそばになくてはいけないということはありません。

書物に限らず、かつて大切だったという理由だけで、ずっと残しておかなくてはならないということはないのです。いつまでも大事にとっておくことで、かえって重要な活力を奪われたり、現在抱いている目標の実現を妨げてしまったり、今の自分の価値観を損ねてしまう恐れもあります。

本はすぐにたまってしまいます。簡単に買えるし、表紙を開かなくても買っただけで何かしら満足感を覚えてしまうからです。

ここで少し時間を使って、本について考えてみましょう。

あなたは一体どれくらい本を所有していますか？

本をきちんと整理していますか？　それともいろいろな部屋に散らばって置いてありますか？

ほとんどは読み終えていますか？

大部分は小説ですか、それとも自己啓発書か実用書ですか？

何冊か処分した場合、あなたの中にはどのような感情が湧いてきますか？

クライアントのロジャーと電話している間、私は彼に簡単なエクササイズをしてもらいました。

少し時間を使って、書棚を詳しく調べて、タイトルを見てもらい、そこから浮かんでくる考えに注意を払ってもらったのです。

このエクササイズの結果、書棚の本のほとんどがまだ目を通していない自己啓発書であることが分かりました。

そこでさらに、読まなかった本に後ろめたさを感じていないか尋ねてみました。また夢中になって読んだ本についてと、本をじっくり読んだときに体のなかに緊張や興奮を感じたかについて、重ねて質問してみました。

彼には熱中して読んだ本もありましたが、読んでいない本には後ろめたさを感じていました。そして、どちらかというと後ろめたさを覚える場合が多いことを認めてくれました。

彼は、この手の自己啓発書を購入する際は、素晴らしい真理や貴重なヒントを手に入れたいと願っていたことを思い出しました。ところが、彼はまったくページを開かなかったたくさんの本に、表紙を眺めるたび、いわゆる「罪の意識と心の痛み」を感じていたのです。

私は彼に、人は自分以外のところに救いを求めたがるものであると話してあげました。人は八方塞がりの状態に陥ると、何かにすがりつきたくなるものなのです。

心を癒すためには、まず自分の内面に働きかけなくてはなりません。ところが、彼は自分の外に救いを求めていたため、ずっと何かを持ち続けたままで、その結果、立ち往生の状態が続いていたのです。

一緒に課題に取り組むことで、ロジャーは本を人生という旅の上での重要なヒントと見なすようになりました――人生の謎の完全な答えではなく、人生の貴重なヒントとして、もっと気軽に考えられるようになったのです。

あまりに重大なものとして考えてしまうと、かえって、本を読みづらくしてしまいます。ロジャーももし読んでも充実感が味わえず、幸せな気持ちになれなかったらどうしようかなどと、無用なプレッシャーを自分にかけていました。だから、何も読まずに、無知なままでいることで、自分が進歩できないことへの言い訳をしていたのです。

今、ロジャーはもっと気楽に本を選べるようになっただけでなく――何冊かは人に寄付さえしています――本にこのような姿勢で臨むようになることで、自分の理想とする人生に向けて、驚くほど早く成長していけるようになったのです。

◆衣類

あなたの衣服から伝わってくるメッセージには、あなたもきっと賛同してくれることでしょう。

あなたは十分には痩せておらず、十分には魅力的でなく、十分に垢ぬけているわけでもなく、あまり面白い人物であるわけでもない……何かが足りないのです。

ハンガーに吊るされているのは、たんなる繊維の塊ではありません。その服を見てひどく不愉快に思えてしまうこともあるかもしれません。このように、服を見て連想してしまう記憶や感情が、寝室のクローゼットをなかなか整理できなくしているのです。

楽しい思い出を呼び覚ます服もあるかもしれませんが、つらい思い出を蘇らせてしまう服もあるはずです。しかし楽しくても、つらくても、どちらの思い出も手放すのは難しくなります。

例として、サイズの合わない服について考えてみましょう。

服がきつい場合には、「このジーンズは残しておこう。きっとまた着られる日がくるかもしれないから」と言うでしょうし、ぶかぶかの場合でも、「健康のためにしっかり注意はしているが、万一、太ってしまったなら大きな服が必要だから残しておこう」といった具合になるはずです。

どちらにしても、このような衣服は化粧ダンスにも、クローゼットにも残ってしまいます。そして、書棚の上の書物と同様に、あなたを嘲って、お前はたいした人間ではないと侮辱してくるのです。

クローゼットか化粧ダンスをちょっと覗いてみて、半年以上、着ていない服が5つあるかどうか確かめてください。そしてなぜ、その服をしまったままでいるのか自分に問いかけてみましょう。

それは万一のために、置いてある服ではありませんか?

その服はあなたにとって楽しかった時を思い出させてくれますか？

そして、その服はまだ大好きなのでしょうか？

この質問に答えることが、その服が今の自分に合っているのか、それとも人生にとって邪魔になっているのか、判断を下すための適切なきっかけとなります。

◆雑誌

みんな雑誌が大好きです！　本と同じように、雑誌を見ると、期待が胸に溢れてきます。

あなたも雑貨店のレジの脇に並べてある雑誌の見出しを目にするでしょう。今、あなたは心のなかで、どのような雑誌の表紙を頭に思い浮かべていますか？

「10日で5キロ体重を減らそう！」

「簡単な3つのステップで、シェフのような素晴らしい料理を作ろう」

「真実の愛を見つけるためにやらなくてはいけないひとつのこと」

雑誌の山が増えていくのは、読む必要があったり、読みたかったりする多くの記事がまだ残っているとと思うからです。

しかしそのせいであなたはエネルギーを徐々に消耗してしまいます。雑誌にお金を払ったとしても、読んで後悔してしまうかもしれません。雑誌の見出しに騙されて、読んだ自分が馬鹿に思えてしまう恐れさえあります。


私の友人のカイリーは家のなかにたくさんの雑誌を置いていました。そのほとんどが大好きな雑誌で、すでに楽しく読んでいました。しかし再び読みたくなるのではないかと考えて、箱にしまってずっと残しておいたのです。

ところで、この状況に一体どんな問題があるのでしょう？　それは雑誌が何年も箱のなかに置かれたままになっていることです。

私は彼女に、雑誌がどれほど好きでも、ずっと置いたままでいればガラクタになってしまうと考えないのかと、尋ねてみました。

たしかに大好きなものをふつうガラクタなどとは言うことはありません。しかし彼女の場合は、2年間も箱のなかに雑誌を入れっぱなしで、一度も読み返すことはありませんでした。そういうことなら、事情は違ってきます。

雑誌の編集者が取り上げる記事が自分の理想のライフスタイルを話題にしたものだと考えて

いるため、彼女は雑誌を処分するのをためらっていました。そこで私は彼女に自分の抱く夢を調べて、その理想の生活をビジョンボードで表現してみるように勧めたのです（ちなみに、ビジョンボードとは、自分の叶えたい夢を象徴する写真や言葉を1枚のポスターボードや紙にコラージュする、自己実現のための方法です）。

夢を実際に目に見える場所に置いておけるように、ポスターボードのなかに貼っておくのです。そうすれば、屋根裏のなかの箱に雑誌を詰め込んでいるより、はるかにはっきり夢を目に見える形にできるでしょう。

彼女はビジョンボードを作ることに熱中し、翌週までに自分の寝室にボードを飾りました。ビジョンボードは、雑誌から切り取ったイメージやイラストで作られていました。では、残りの雑誌の部分はどうなったでしょう？　それはゴミ箱に入れられました。

「いつか読む日」のために雑誌を残しておくとするなら、その積み上げられた雑誌は一体何の意味があるのか考えてください。

「せっかくお金を使ったのだから、読まなくてはいけない」という回答しか出てこないようなら、雑誌は潔く処分しましょう。わざわざ雑誌を点検する必要などありません。

3か月、半年、2年間もずっと読まずに積んであるだけなら、別になくても構わないということです。今月と先月の雑誌は残して、ほかの月のものは処分してしまいましょう。

「でも、重要な記事のページは隅を折ってある」とか、「情報が必要となったらどうしよう」などと考えて、処分をためらう人もいることでしょう。

ではここで質問します。

あなたが以前そのページを参照したのはいつのことでしたか？

実際に雑誌を処分したとして、あなたにどんなマイナスがありますか？

その雑誌はあなたの人生のなかの重要な目的に何か役立ちましたか？

目を閉じて、数回深呼吸してから、この質問に答えてみてください。

◆家族の思い出の品

家族の思い出の品は、期待、義務、記憶、喜び、悲しみ、後悔といった多くの思い出と結びついている場合が多いものです。

あなたのおばあさんの形見の首飾り、家族のアルバム、お父さんのお気に入りだったリクライニングチェア、お母さんの好きだったお客様用の皿——このような品物は、もう大事にされず、誰も欲しがってはいなくても、やはり捨てることができません。

それらを処分することは、祖母や、両親をもう愛していないことになってしまうのでしょうか？　そんなことをすれば、いけない娘になってしまうのでしょうか？

私の父は蓄音機の形をした、とてもかわいいオルゴールを私に贈ってくれました。私はそのオルゴールをとても大切にしていました。大好きな父が贈ってくれたものであり、選ばれている曲もお気に入りだったからです。

父がオルゴールを贈ってくれた日のこともはっきり覚えています。その日私たちは、母もいっしょに何軒かギフトショップを巡っていました。そして車に戻ったとき、父がプレゼントの袋を私に渡してくれたのです。袋を開いたとき、父の顔もほころんでいたのが忘れられません。

ある日、この大切なオルゴールを高い棚から落としてしまい、もう修理できないほどバラバラに壊してしまいました。それでも数週間、私は机の上にその粉々に砕けたオルゴールを置いていました。手放したくなかったからです。

でも、壊れたオルゴールの姿を見るたびに、悲しみに打ちひしがれていることに気付きました。このような状況では、父との心温まるプレゼントの記憶は思い出せません。

その時私が悟ったことは、オルゴールはもう壊れてしまったものだ、という一言に尽きます。だから、片づけることにしたのです。オルゴールが鳴らなくなったのは悲しいことです。しかし、現状をしっかり受け止め、残骸を処理してしまうことで、父との温かな記憶を再び楽しめるようになりました。

父が亡くなった今でも、あのオルゴールや優しかった父のことを忘れることはありません。机の上に置いていたオルゴールを入れておいた箱も捨ててしまいましたが、オルゴールは壊れてしまっても、記憶は消えたりしないのです。

おばあさんの形見の首飾りを処分しても、おばあさんはあなたのことを悪く思ったりはしません。

「たとえ自分が好きではなくても、祖母はこの形見を残していることをうれしく思っているはずだ」とあなたは考えているかもしれません。しかしその首飾りのなかにおばあさんがいるわけではありません。

もちろん、自分にとって大事なものなら、いつまでも形見として残しておくべきです。しかし残すにしても、捨てるにしても、あなたのおばあさんはずっとあなたの心のなかに残っています。

このような、もう使っておらず、飾っておくほど好きでもないモノなら、それはガラクタです。

大事なものなら、それを誇りに思って大切に残してください。しかし過去5年間、地下室の箱のなかにずっと仕舞ってあるようなら、もうそれはあなたにとって大切なものではなくなっている証拠です。

自分にとって大切なものとは何か、再度考えてから、処理するか、自分の人生の一部にしておくか決めてください。

◆半分完了していることか、古い計画なのか

スクラップブック用の資料を入れたままの箱や描きかけのカンヴァスのそばを歩くとき、あなたは自分がどれだけ計画を実行せずに過ごしてきたかと考えて、がっくりと肩を落としていることでしょう。

このような未完成のモノは、あなたにどのようなメッセージを送っているのでしょうか？

「ああ、本当になんとかやり遂げなくては」

「ずっと絵を描くことが夢だった。やっと必要な道具はすべて揃えた。でも如何せんずぶの素人だからなぁ」

このような力みや迷いが、それらの計画が完了しなかったときに、自分を責める材料となってしまいます。

中途半端に始めて放置してしまっている計画は、「計画を遂行する力が自分には不足してい

る」、「私は最後までやり遂げることができない」などといった、あなたが抱いている否定的な自己認識が事実なのだとあなたに確信させます。

デーブ・ブルーノは著書『The 100 Thing Challenge: How I Got Rid of Almost Everything, Remade My Life, and Regained My Soul』（邦題：１００個チャレンジ：生きるために必要なモノは、そんなに多くない！　飛鳥新社刊）のなかで、自分が持っていた無数の木工道具について話題にしています。

彼は自分を「熟練した木工職人」だと思っていました。でも彼は、持ち物をちょうど１００個まで減らそうと考えたとき、それまで収集した木工道具を一掃することにしたのです。

そして、この作業をやり遂げた後に、信じられないほどの安堵感を得たと言っています。なぜなら、これでもう、木工製品を作る必要はなくなったと思えたからです。

彼にとっては、木工道具はもう過去の自分の姿の象徴にほかならず、これからは自分を今後ある「べき」人物に変えていかなくてはいけないことに気付いたのです。こうして、この木工道具と一緒に、自分自身の誤ったイメージも手放すことができたのです。

その際、今までの閉塞していた人生に風穴を開けることで、理想の自分になる努力をすることに集中できるようになりました――この新たな目標こそ、無駄を排除した生活を理想とするミニマリストを実践し、この自分の抱く理想を世の中の多くの人に伝えることだったのです。

◆疲れさせる人への対処

あなたと付き合いのある人物——あなたの仲間——について考えてください。


みんな愛情に溢れた人ですか？

それとも自分は彼らに利用されているとよく感じてしまいますか？

その人と一緒にいると、へとへとに疲れたりしませんか？


人間関係に疲れてしまうのは、自分は人に親切にしてもらえるだけの価値のない人間だとか、自分がきちんと扱われるだけの人間ではないとか、ほかのみんなと同じように尊重される存在ではない、と思い込んでいるせいです。

そんなことを認めているなら、ずっとこのような関係が続いてしまうことになります。そんな考えは放り捨て、自分をまず大切にしてください。

物質的ガラクタを片づけるための手段や技術の多くは、感情的なガラクタにも応用することができます。感情的なガラクタが異なっているのは、対象がモノではなく感情であるという点のみなのです。

それは経験するモノと目にするモノとの違いと言えるでしょう。感情は物質と違って実体がないので、避けるのははるかに簡単です。これは朗報ではありませんか？

モノだけではなく感情も、選別し片付けることで、変えていくことができるのです。

Action Time!

ガラクタが最もたまっている場所はどこですか？

片づけられない原因は何ですか？

その場所を空けるための第一歩としてできることはなんですか？

時間を設けて、しっかり目標を実施できるようにしてください！
しっかり耳を傾けてください！　自分の頭に浮かんでくる、自分を邪魔する、消極的メッセージに耳をそばだててください。そこから伝わるものを手早くメモしてください。
メッセージを避けたり、無視したりしてはいけません。きちんと理解するほうが心は素早く鎮められ、無駄な力をなくしてくれます。
そうすることで、ガラクタをため込んで、体力を消耗させている原因は何か見抜けるようになります。

Chapter 4

ガラクタがたまってしまう共通の原因

Common Causes of Clutter

これまで本書では、あなたが理想の人生を送ることを邪魔するすべてのものはガラクタであることを、確認してきました。

借金、恨み、本の山、服がはみ出しているタンス、心のなかでぶつぶつ言う批評家、肥満、多すぎる靴や台所用品、しっくりしない人間関係、疲れさせる仕事……。ガラクタを数え上げればそれこそ切りがありません。

以前には考えもしなかったガラクタについて思いを馳せると、多少圧倒された気分に襲われてしまうかもしれません。

しかしすべてのガラクタは、ある共通する糸で結ばれています。その糸をきちんと理解すれば、ただ闇雲にモノを片づけようとするより、はるかに楽にガラクタに対処できるようになるでしょう。実際に問題が深刻な状況に陥る前に、事態を収拾することもできるのです。

その3つの共通する糸とは次の通りです。

1・非現実的な期待

2・線引き

3・古い信念

ではこの3つの糸をひとつずつ解説していきましょう。

1・非現実的な期待

ガラクタを片づける際に、第一の関門となるのは、非現実的な期待を抱いてしまうことです。あなたは積み重ねられたガラクタの山を眺めて、どうしてこんな状況になってしまったのか見当もつかず、ただ体を凍り付かせているだけかもしれません。さもなければまとまった時間ができたら、腰を据えて片づける作業に取り組もうと自分に誓っているかもしれません。

私はクライアントが、「週末時間ができたなら、車庫を片づけます」と言っているのを、何度も耳にしてきました。

ガラクタを片づけるより、新しいものを手に入れるほうに関心が向いてしまうという事実は別にして、自由な時間がたっぷりありさえすれば片づけられると感じているとするなら、その考え自体がガラクタの処理を妨げる原因になっています。

ちょっと耳を傾けてください。実は、ガラクタを片づけることに喜びと興奮を感じられるようにするためには、その作業に取り掛かる必要があります。成功するための鍵は、まさしく実際に行動するかどうかにかかっているのです。これは素晴らしいことでしょう?

成功は結果ではなく、行動のなかにある。

クローゼットの中身を一気に片づけてしまおうと考えると、あなたの心のなかにいる批評家が怒り出してきます。なぜなら彼にとって、そんな考えはまさしく暴挙だからです。そんなことをするのは、裁判で実刑判決を受けたのと同じだと見なされてしまいます。

しかし、片づけを一気にやろうとするのではなく、処理しやすい部分に分けて、実行していこうとするなら、この批評家も文句は言ってこないはずです。

この目的を実行するための私のお気に入りの方法が、**ポモドーロ・テクニック**です。

このテクニックは簡単な時間管理術の一種で、タイマーを利用して目標を処理できる部分に分解し、目標を成し遂げる手段です（このテクニックの開発者フランチェスコ・シリロは、大学生のとき、トマト型のキッチンタイマーを利用していました。つまりイタリア語でポモドーロとはトマトのことなので、この管理術はポモドーロ・テクニックと呼ばれているのです。豆知識として覚えておいてください！）。[注1]

このアプローチは、問題を一挙に解決しようとして、燃え尽き症候群になってしまうのを避けるのに役立ち、楽に作業に意識を集中できるようにしてくれます。

そのために必要なのは次のことだけです。

1・自分の義務や計画を選ぶ（例えば本を読む、人との関係に線引きをすると誓う、納税申告書を仕上げるなど）。

2・作業中は意識を集中し、注意散漫な状態にしない。作業中は、Eメールは開かず、電話も止め、ドアも閉める。

3・準備ができたら、キッチンタイマーを25分にセットし、タイマーが鳴るまで、作業に没頭する。

4・作業が終了したら、5分間、休憩する。

5・再び、同じ作業を繰り返す。

6・ポモドーロ・ラウンド（私は短縮してポム・ラウンドと言っています）を4回行なった後は、休み時間を20分、30分と長くする。

ガラクタを片づけるのに役立つこの方法は、あなたの内面の批評家の非難を抑えてくれる効果があります。なぜなら、この手段は作業を小刻みに実施するので、それほど負担にならないからです。

抵抗感はまだ残るでしょうが、ひとつのラウンドが終わって5分間休憩するごとに、徐々に目標の達成が見えるようになります。

休みは約5分間です。わずかな時間だという点を心に留めてください。この時間をしっかり守ってください。

この休み時間の間に、買い物に行ったり、友人と電話したりしてはいけません。作業を始める前には、休みの時間をあまり長くしたり、頭を使ったりしないよう注意すべきです。

　この5分の休み時間には、次のような作業をするといいでしょう。

●立ち上がって、ストレッチをする。
●水を1杯飲む。
●屋外に出て、深呼吸を数回する。
●洗濯物を放り込んでおく。
●目を閉じて、自分に励ましの言葉をかける（さあ、ケリー、君ならできる。さあもう一度頑張って挑戦だ）。

　ポム・ラウンドは20分か30分なら続けられるでしょう。でも本当に重要なのは、適切な時間を設定することです。だから、1回に2時間も費やしてはいけません！

　このテクニックを初めて利用するとき、私は長い時間、ひとつのことに意識を集中することができるのか、不安に思っていました。意識がずっと集中できず、注意散漫になってしまうのではないかと考えていたのです。

　しかしこの方法に慣れていくにつれて、集中力は増していき、25分ではもの足りないと思うようになり、すぐにラウンドを繰り返したくなりました。こう思えるのも、1回のラウンドが「わずか25分間」だったからです。

こうして素晴らしい成果を得ることができました。私の心のなかの批評家も、このテクニックとは息がぴったり合っていました。

あなたも腰を据えてこのテクニックを実行すれば、最高の成果が得られるでしょう。

途中でラウンドを中止したくなったら注意してください。

その瞬間、あなたの頭のなかには何が浮かんできましたか？　心のなかの批評家はあなたにどのようなことを話し掛けていますか？　このような批評家の抵抗に、あなたはどのように取り組みますか？　この批評家には何が必要なのでしょう？

「別のやり方があるだろう」、「こんな時間で大丈夫なの？」などといった言葉には用心してください。批評家はとても狡猾に意識を乱そうとしてきます。

ガラクタに取り組む時間は具体的にすべきです。このテクニックを実施して、試行錯誤を重ねていけば、このポモドーロ・テクニックを使った際に、自分が作業をどれくらい進めることができるか、またどれくらいが最適な実施時間なのかが分かるようになるでしょう。

無理なく自然と作業に取り組めるようになったとき、ずっとあなたを見守っていた強力なエネルギーが威力を発揮してきます。すぐに凄い勢いが生まれてきて、以前には思いもしなかった素晴らしい理想の人生が、まるで早送りで見るかのように達成できるでしょう。

私のクライアントのデビーとブレットは、ロンドンでの暮らしに多少飽きていました。この大都市でふたりはマンションを所有していましたが、もっと旅行がしたいと思っていました。

でもそれを実現しようとすると、困難な状況が次々に生まれてきます。このマンションを人に貸そうとするなら、家財道具は処分しなくてはいけませんし、部屋も修理する必要があります。

どの家具を処理すべきか、そして実際に処分が可能なのかと考えると、ふたりは不安な気持ちになりました。彼らはガラクタに取り囲まれて、圧迫感を覚える暮らしをしていたのです。

旅に出るという目的を実現させるために、私たちはシンプルに彼らの考えを煮詰めることにしました。最初に、私たちは、自由に動けるようにするためには、何をしなくてはならないのか、ブレーンストーミングをして、確認することにしました。

ふたりは、すでにどこにいても働くことのできる仮想企業（訳注：ウェブ上で実現できる企業活動）を運営していました。

「頭のなかに浮かんできた考えをきちんと口に出して言ってみてください」と私はふたりに言いました。「マンションを売るか、賃貸にするか、決めなくてはなりません。賃貸にするなら、家具付きにするか、家具なしにするかも考えなくてはいけません。

もし家具なしにするなら、どう家具を処分しますか？　もっと自由に移動できる状態にしたいのなら、かなり身軽にしなくてはいけないでしょう。

このような生活について、友人や家族はどう思うでしょう？

マンションを売却したり、貸したりする前に、家の修繕も必要になりますね。

また旅をするにしても、どこに行くつもりですか？　それに、旅行するだけの金銭的余裕はおありですか？」

そして、これは始まりにすぎませんでした。

それがなんであれ、あなたにとって重要なことで、それを「一か八かやってみよう」と考えている場合には、浮かんでくる数々のアイデアを関連づけてみるようにしましょう。

最初、1回のポム・ラウンドで、ふたりは共有している課題を書き出し、マンション、仕事、不安、設備などの種類に問題を分類してみました。

課題を書き出し、それを分類することは、精神的ガラクタを処理する素晴らしい手段となります。頭のなかで常に問題が余計に膨らんでしまうのは、脳が容器ではなく、コンピュータだからなのです。しかし、人間はそれに頼りすぎてしまいます。なぜならコンピュータもやはり容量は無限ではないからです。脳に情報を詰め込み過ぎてしまうと、処理速度は劇的に落ちてしまいます。だから、ハードディスクを空にする必要があるのです。

すなわち心を空っぽにするのです、そうすることで、気分はすぐに安らかになり、ほっとした気持ちになるでしょう。心を鎮め、精神と感情のガラクタを処分してしまえば、あなたが生まれながらに持つ知恵をもっと巧みに利用できるようになります。

デビーとブレットと同じように、あなたが求めているこの知恵は、すでにあなたが持っているものです。

人生の騒音はあなたの願望に蓋をしたり、見えなくしていますが、意識して定期的に行動していけば、自分の生まれながらにある才能を簡単に利用できるようになるでしょう。

デビーとブレットがひとつのポム・ラウンドで考えたのは、マンションは賃貸にするか売却するかということと、自分たちの資金、夢に描いている旅行、さらにはビジネスによる収入などについてでした。

ふたりで自分たちの問題を分類して、実際に解決する決断を下したのです。目的を一歩一歩前進させていくにつれて、調子が出てきました。

彼らはポム・ラウンドに意識を集中して、リストに載せた項目にチェック済の印をつけていきました。そうするうちに、ほかにも重要な問題がいくつか浮かび上がってきました。マンションを家具なしの賃貸にすることに決めた後、競売会社に自分たちの家具を鑑定してもらいました。かなり立派で、珍しい家具もあったので、家具は売却するのが最高の方法だと考えたからです。

見積もりにきてくれた競売会社の担当者もこの家具にたいへん興味を抱いてくれました。「競売会に出すのが一番いいかもしれませんが、その場合は月末までにすべて売り切ってしまう必要があります」

デビーとブレットはすぐに家具を売却する気はありませんでしたが、担当者の口にしたこの一言で、考えを変えました。これも神の御告げだと考え、見積もりを出してくれた業者に家具を売ることにしたのです。残されたのはベッドだけになり、2週間後、マンションの居間は、ビーチチェアだけの状態になりました。

「ビーチチェアだけは手放せませんでした」とデビーは言っています。「これだけは私たちが檻から飛び出すために必要ですからね」

あれこれ考えずに、ともかく行動に移すことです。それが精神的ガラクタを処分するための秘訣です。

ポモドーロ・テクニックが素晴らしい効果を発揮してくれます。この方法があなたを行動に駆り立て、目標を達成させてくれます。問題に対処すれば、成功の喜びを味わえるようになり、目標を次々に成し遂げるための刺激にもなるでしょう。

実現可能な期待を抱くことで、抵抗感はなくなり、やる気に火がついて、目標を素早く達成できるようになるのです。

2・線引き

「線引き」を行なうことは、精神的、感情的に付きまとうガラクタを処分するための最も有効な手段です。人間関係のあらゆる面で、あなたは線引きを行なう必要があります。それは上司、家族、隣人、同僚、スーパーにいる赤の他人、配偶者、パートナーなど、あらゆる人に言えることです。

「線引き」を行なうことで、自分がどう扱ってもらいたいのかを相手に伝えることができます。行動にしろ、言葉にしろ、自分が要求を受け入れるのか、拒絶するのか、相手にきちんと知らせておかなくてはいけません。

「線引き」を行なうこと、つまり自分が本当に求めていることや、自分にとって最も役立つことだけを行なうことによって、自信が生まれます。それが「自分のことをまず優先する」と、神に誓うことになるのです。

「線引き」を行なわないと、蓄えていたエネルギーのタンクはすぐに空っぽになってしまうでしょう。そうなれば、自分の夢と目標を実現することなどまず不可能になってしまいます。

ガラクタがたまってくることは、あなたが自分自身を大切にできなくなってきているサインです。あなたは人に振り回されがちではありませんか？　あなたのカレンダーは本当は望んでいない約束事でいっぱいになっていませんか？

以前、どのような状況で、人と一定の距離を置かなくてはいけないことに気付いたか、次の質問に従って考えてみてください。

● あなたが人生のなかで、我慢しているものは何ですか？
● どのようなことがあると人に利用されていると感じてしまいますか？
● 受けたくないのは誰からの電話ですか？
● 対応する必要はないと思う状況はどんな状況で、そのように感じさせる人物は誰ですか？
● 実際には拒否したいのに、イエスと言ってしまうのはどんなときですか？

線引きを行なう必要があるか確認するための優れた方法があります。それは、自分の時間、才能、エネルギー、仲間の要求などに対して注意を払うことです。すぐ安請け合いしたりせず、心から相手は支援を望んでいるのか、一瞬立ち止まって確認すべきです。

要求を受け入れようという気分になったなら、なぜその気になったのか、自分に問いかけてください。

純粋に助けたくなったという以外の理由があるとするなら、すぐに承諾したりせず、少し間を置きましょう。

あなたが拒まなくてはならないのに、ハイと言ってしまうのは次のような場合です。

- 誰も失望させたくないと思っている場合。
- 人に嫌われたくない場合。
- 必要なときはあなたが手を貸してくれると、相手が当然のように思い込んでいる場合。
- 子どものころから、自分より他人を優先するよう教えられてきた場合。

多少、紋切り型に聞こえるかもしれませんが、他人にノーと言うのは、自分にイエスと言っているのと同じです。

他人との間に線引きをするための最初の一歩は、ノーという言葉と親友になることです。地元のPTAに積極的に参加しないからといって、あなたは悪い親というわけではありません。兄の引っ越しを手伝わなくても、兄弟愛に亀裂が生じるわけではありません。

相手が不快感を抱いたとしても、気にしないでください。嫌なことにはノーと言うことが、あなたを幸せにするには決定的に重要なことなのです。

長年にわたって、私はクライアントに、「人を失望させる」という課題を出してきました。2週間、少なくとも、毎日、ひとりの人を失望させてもらうのです。この課題を出すといつも、クライアントはハッと息を飲みます。

しかしこの課題は、あなたに次のように役立ってくれます。

- それがどれくらい大切な要求なのか確認するようになる。
- どの要求が、あなたのエネルギーを消耗させたり、不満に感じさせたりするかが明確になる。
- あなたの人生のなかでの人間関係を評価できる。
- 自分のエネルギーを取り戻し、自分なりに時間を管理できるようになる。

● 失礼のないように、きっぱりとノーと言う技術が手に入る。

この課題を進んで行なってくれたクライアントは、これまでと人生が変わったと断言してくれました。

そのなかのひとりは次のように話しています。

「私はあまりに臆病な性格だったので、人から頼まれたことは、絶対にノーとは言えませんでした。人を怒らせたくなかったからです。でも、あなたから教えてもらったヒントを使って、状況が変わってきました。今では、1日、2、3人の人をがっかりさせられるようになったのですから」

彼女の次の言葉が、線引きをすることの素晴らしい効果を端的に物語ってくれます。

「おかげで、初めて自分らしく生きているという実感が湧いてきました」

感情的ガラクタと真正面から取り組めば、驚くほど素晴らしい効果が現れることをお約束します。しかもそれはあなたが考えるほど難しくはありません。あなたが頼みを断っても、相手はいちいち怒ったりしないものです。

あなたの態度は今よりも堂々として、もっと自由に振る舞えるようになること請け合いです。もうわざわざ面倒を引き受けなくて済むようになるのです。

人と自分との間に線引きをすることで、人間関係はすっきりし、ストレスも減り、さらには関係自体もより親密になります。なぜならそれで、人間関係を改善したい人と、付き合うのを止めたい人を確認できるようになるからです。

人にノーと言うことを考えると、怖くなってしまうかもしれません。人との付き合いがなくなってしまい、ひとりぼっちになったらどうしよう？　いつも親切にしていなければ、自分の存在価値がなくなってしまうのではないか？　そのような不安に襲われる人もいるでしょう。

感情は頭でそうだと決めつけられているものではなく、心で感じるものである。

本当は断りたいのにイエスと言ってしまうようなら、心のなかから聞こえてくる声に耳を傾けてください。

まず他人ではなく、自分の気持ちを優先することです。それをためらってはいけません。

人からの要求を断ってはならないというのはあなたが作り出している幻想です。ですから、あなたのニーズを優先することに気まずく感じることはありません。

解決策は自分を抑えて、相手の言いなりになることではありません。これでは、自分が多少不快に思っていても、何でもないと自分自身に示していることになってしまいます。結局、感情は頭でそうだと決めつけられるものではなく、心で感じるものなのです。

私は仕事を通して、線引きできない主な理由が、自分の感情を素直に言葉に出せないことにあると気付きました。

では、礼を失することなく、自分の感情をしっかり相手に示すためにはどうすればいいのでしょうか？

そのためには、自分の気持ちを、優しい言葉で、簡潔明瞭に相手に説明することです。断る理由を説明したら、相手がどのような反応を示すのか、観察してください。

次のような断り方ではあまり効果はありません。

「コンピュータの調子がよくないんだ。調べてもらえないか？」

「すいません。友人と夕食の約束をしているので、今日は無理です」

「ちょっとでいいんだ。夕食の後にでも見てくれないかな？　だめなら明日でも構わないんだ」

「でも、確約はできません。明日は、父親の様子を見なくてはいけないので」

「分かった。では、明日になったら見られるか教えてくれよ」


では、次のような例だとどうでしょう？


「コンピュータの調子がよくないんだ。調べてもらえないか？」

「すみません。あいにくその暇はありません。コンピュータメーカーのサポートサービスに電話して、聞いてみたらいかがですか？　それに、同じ問題を抱えている人がいるはずですから、インターネットで調べても解決策はたくさん見つかるはずですよ」


違いが分かりましたか？

後者が、やんわりと拒否するやり方です。相手に言い返す余地を与えたりしてはいけません。反論される一歩先に踏み込むのです。この返答は簡単明瞭で、しかも相手への礼を失するものではありません。

もうひとつの例を紹介しておきましょう。

「新しいカメラが欲しいんだけど、君はインターネットで検索するのが得意だよね。今度、インターネットを使うとき、キャノンＲＥＢＥＬ　Ｔ３ｉというカメラで一番値段の安いサイトがどこか調べてもらえないかな？」（追記：「君は……が得意だから」という言葉は、あなたをおだてるための言葉であることに気付いてください……これは何度も私が騙されてきた賢い戦略です！）

「とてもいいカメラだと聞いたことがあります。すぐには調べられませんが、いずれ見つけられたら、ご連絡します」

「僕はカメラにはまったく不案内なんだ。どうやって調べればいいのか見当もつかないよ」

「きっと何か見つかるはずですよ」

「何かあったら」とか、「きっと何か見つかるはずですよ」といった言葉を使っていても、相手はいつまでも食い下がってきて、この一件にずっと関わろうとしてきます。

では次の例を見てください。

「新しいカメラが欲しいんだけど、君はインターネットで検索するのが得意だよね。今度インターネットを使うとき、キャノンＲＥＢＥＬ　Ｔ３ｉというカメラで一番値段の安いサイトがどこか調べてもらえないかな？」

「とてもいいカメラだと聞いたことがあります。でも私もカメラには興味がないんです。だからすぐには調べられません。アドラマ（訳注：カメラとレンズの海外通販サイト）かアマゾンで調べてみたらどうですか？　いい成果がでることを祈っています」

ここではきっぱりと要求を断っています。この言葉を聞けば、この件で相手はもう関わってこなくなるでしょう。

では、自分にとって苦手な人に、夕食に誘われた場合はどうでしょう？

「長い間、会っていないね。明日の晩、久しぶりに食事でもどう？」
「いいえ、残念ですが。明日の晩はすでに約束があります」
「では、今週の週末は」
「家族と集まる約束になっているので」
「では、カレンダーを確かめて、互いに都合のいい日を選びましょう」

これではいずれ会わざるを得なくなります。

では次の方法を使えばどうでしょう?

「長い間、会っていないね。明日の晩、久しぶりに夕食でもどう?」

「私もお会いしたいのはやまやまですが、いつお会いできるかお約束はできません。いつかカレンダーが空いている日があれば。では、お元気で」

きっぱりと、そして最後は陽気に別れを告げましょう。

相手と距離を置くと、自分の立場が危うくなる恐れがあると感じているなら、断るのは難しいかもしれません。しかし、そんな心配はありません。

上　司:「今日、2時間ほど残業してもらえないかな?」

あなた:「あいにく、今日は、遅くまで働くことはできません。今後、事前に告げてもらえれば、喜んで残業できるでしょう」

この答えは会社を大切にしていると同時に、上司の言いなりにはならないことも告げています。

利己的なひどい人間だとか、失礼な人間だとか告げてくる声には用心する必要があります。その声の主が誰か覚えておいてください。それはあなたの心のなかの批評家の声です。彼があなたを自分の言いなりにさせようとしていることは間違いありません。

あなたが子どもの学校のベイク・セール（訳注：学校や教会などで資金集めのために手作りのお菓子などを販売すること）を開くのに、カップケーキ作りを頼まれて、断ったとしても、あなたがダメな親になったわけではありません。

友人と飲みに行くのを止めて、家でお風呂にゆったり浸かりたいからといって、あなたが付き合いの悪い人間になってしまうわけではありません。

人間関係の見直しを図るとき、相手に自分の立場を理解してもらう必要がある場合も出てきます。すると、あなたが線引きを行なうことに抵抗してくる人もいて、なにかとごちゃごちゃ言ってきます。

このような状況になってしまったとしても、相手がこちらの言い分を聞いてくれるようになるまで、自分の考えを貫き通すまでです。そうすれば結局は、あなたの立場に賛同してくれるようになるでしょう。

「カップケーキを作ることができないのは分かりました。でも、あなたの他には誰もできないので、なんとしても助けてもらいたいのですが」
「でも、残念ながらできません」
「それではベイク・セールは延期しなくてはいけないわ」
「助けられたらいいのですが、仕方がありません」

あまりくどくどと釈明したりせずに、自分の立場をはっきりと、必要なら何度でも言うようにすれば、相手も必ず諦めてくれます。

いい知らせを伝えておきましょう。人生のなかでこのように自分で線引きをする練習を積んでおけば、結果的にはあまり無駄な努力をせずに断わることができるようになります。なぜなら、あなたの振る舞い方をみんなが理解するようになり、やたらに要求してきて、エネルギーを浪費させられることがなくなるからです。

このように人との関係に線引きをする際には、まずはあまり人間関係が深くない人と練習するのが無難でしょう。関係性の薄い人から取り組んでみましょう。家族より同僚、上司よりはスーパーにいる赤の他人に対して試してみるといいでしょう。

例えば、あなたがレジの行列に並んでいるときに、隣の閉まっていたレジが開いたとしましょう。レジ係は、「次の番のお客様からお並びください」と言ってきましたが、後ろに立っていた人があなたの前に並ぼうとしています。そのような場合は、線引きを行なう練習として、相手に対して優しい言葉で、「すみません、私が列の前にいました」と言って、新しく開いたレジに歩いて行ってください。

面白いし、さほど難しいことではないでしょう？

このような練習は、あなたが人との間に線引きをするための筋肉を鍛える素晴らしい方法であり、実践するきっかけとなってくれるでしょう。

あなたはこのレジに割り込んでくるお客さんを知っているわけでもなく、その人物と人間関係を維持する必要もまったくありません。礼儀正しい言葉を使わなくてはいけませんが、家族や親友の場合のようにずっと仲良くしておくことはありませんし、自分ひとりで試すこともできます。

このように線引きを行なうたびに、あなたは簡単に人の言いなりにはならなくなっていくでしょう。

何年か前のことです。私は目を覚ました瞬間から話し出すようなお喋りな女性と一緒に仕事をしていました。

彼女は家を出ると、すぐに賑やかに話し始める人でした。ところが私は彼女とは対照的に、朝が弱くて、目を覚ましてからしばらくしなくては1日の準備を始めることはできませんでした。

だから、事務所に行くのがひどく憂うつだったのです。なにしろ、会社に着いた瞬間、朝のニュースのことや通勤時間の様子など、彼女はのべつ幕なしに話し掛けてくるのですから。私は通勤のための車に乗ることさえ億劫だったのです。

こんな状況では、1日をすんなりと始めることなどできません。こうしている間に、彼女を恨むようにさえなっていました。

彼女は私が話し掛けられたくないことに気付かないのでしょうか？　私は目を少し覚ますために、事務所に車ではなく、徒歩で行ったほうがいいのでしょうか？

そのとき、私は彼女が空気を読めない人間であるということに思い当たりました。私は朝、その日のエネルギーを補填する時間を作る必要がありました。そのためには、彼女にしばらく黙ってもらわなくてはいけません。そのことをきちんと話してあげなくてはいけなかったのです。

「あのね、リンダ。私は朝が苦手なの。だから、おしゃべりする前に、少し机で落ち着いて、目を覚ますだけの時間をくれないかしら」

「ええ、もちろん、いいわよ」と彼女はあっさりと答えました。

毎日、リンダと会っても嫌な思いをせずに済むと思うと、私はほっとした気持ちになりました。

たしかに、リンダにはまた注意しなくてはいけないと思うときもありましたが、今となってはふたりの間では、それがかえって冗談の種になっています。

事務所に入ったとき彼女がすぐにお喋りを始めたら、私は、「リンダ、まだ目が覚めてないのよ」と率直に言いました。それだけ言えば、しばらくは静かにしてもらえます。

このように線引きを行なうことで、職場はぐっと居心地がよくなりました。お喋りの恐れという精神的ガラクタを消すことができたからです。

かつてリンダは相手の都合などまるでお構いなしに、私の空間と時間を無断で占領してきました。それが私の頭をイライラでいっぱいにしてしまう原因になっていました。でも実際には、リンダは空気を読み取れずにいただけなのです。

私がリンダに対処したのと同じように、あなたにも誰かに線引きを行なわなければならない事態が起きるでしょう。これは簡単に言えば、人間関係を考え直すための機会です。あなたが求めるのがどの程度の一線なのか、相手も徐々に認識してくれるようになれば、状況は改善されていくことでしょう。

このように相手との境界線をしっかり決められるようになったなら、あなたはもっと重要な人間関係にも挑めるようになります。すなわち、家族や親友との関係です。関係を損ねる危険の高い人と線引きを行なうための方法はたくさんあります。直接はっきりと話し合うのは素晴らしいことですが、必ずしもその必要はありません。なぜなら行動だけで、相手を再教育できる場合があるからです。

私のクライアントのサラの妹は、いつもサラにメールを書いたり、ボイスメッセージを送ってきたりしていました。そしてすぐに返事をしないと、サラに対してひどく怒るのです。サラが普段はすぐに返答していたので、妹はそれが当たり前だと思い込んでいたのです。すぐに返事がない場合は、電話で何度も呼び出したり、メールを何度も送信してきました。

サラは、結局、返事をせざるを得なくなります。ひょっとして、緊急事態が発生したのかと不安になってしまうからです。しかし、単なるお喋りにすぎない場合が大半でした。

対立を避けるために、妹のメールとメッセージに返信し、しまいにはきちんと返事が届いているか妹に電話で確認することさえありました。

しばらくはそれでよかったのですが、じきにサラはうんざりし、怒りさえ込みあげてきました。電話の画面に妹の名前が現れてくると、目が吊り上がったものです。あーあ、またか！　彼女は妹の知らせに、大切な時間が奪われているように感じました。

しかし、彼女は諦めたわけではありません。ついに、自分の時間を取り戻すことにしたのです。妹との関係を修正しなくてはならないときでした。

最初、私はサラに、妹との間に軽めの線引きを行なうようにアドバイスしました。すなわち、電話やメールに返信するのを24時間待ってほしい、と告げることにしたのです。

妹はそう言われて怒りました。サラは妹の態度に嫌な気持ちになりましたが、なんとか対処しなくてはいけないということに気付きました。そうしなければ、関係性が崩壊しかねません。

サラの妹は当然のように、返事がこないと、「なぜ電話に答えられないの？」と怒鳴り込んできました。

妹が反抗してくることは想定していたので、私たちは事前にそれに応ずるための言葉をいくつか準備しておきました。例えば、「電話やメールにすぐ返事ができるとはかぎらないので、返事に時間がかかっても気にしないで」といった具合に話してみたのです。

サラの返信までの時間は徐々に遅くなりました。すぐには答えられないと話しておくことで、妹も姉の言いたいことに勘付いてきたのです。

最初は、以前と同じくらい電話やメールを繰り返していましたが、それは姉の限界点がどこにあるかを確かめるためだったのです。

しかし、サラが自分と歩調を合わせてくれないので、連絡する回数も減っていきました。またそればかりでなく、もしものことがあった場合には、サラにきちんとそのことを伝えられるように、電話やメールをする理由も教えてくれるようになったのです。

だから今は、メッセージは「お喋りのためか」、「きちんとした用事があるのか」が分かるようになりました。

ふたりはしばらくはぎくしゃくしていましたが、一度波に乗り始めると、この方法がいかに良い状態をもたらすかが分かってきました。こうして、ふたりの関係は以前よりかえって親密になり、お互いあらゆる面で素直に振る舞えるようになったのです。

サラの妹が抵抗を続けていたなら、さらにもう一段厳しい線引きを行なわなくてはいけなかったでしょう。その場合は、「ずいぶんメールや電話をするのね。でもすぐに返事をする暇はないの。返事は必ずするから、追加のメールや電話はしてこないで」といった具合に念を押したことでしょう。


どうでしょう、理解してもらえましたか？

いいことを知らせておきましょう。実際、このように厳しく相手に指摘する必要はめったにありません。

大抵の場合は、軽い線引きを行なうことで、相手もこちらが何が言いたいのかを察してくれるでしょう。

妹にすぐに返事を出せないと告げておかなければ、サラは以前と同じようにすぐに返事をせざるを得なくなっていたでしょう。黙っていれば、インターネットで格安のカメラを調べてほしいという要求に、結局、従わざるを得なくなってしまうのです。


行動を伴うことで必ず自分の言葉を後押しするようにしなさい。それが人に尊敬され、自分の一線を人から守ってもらえるようにするための鍵である。


ほかのガラクタとまったく同様に、この手のガラクタ——すなわち疲れる人間関係——が、一体あなたの何に役立つのか、考えてください。

結局は、ドアマット、廃棄物のように処分すべきものです。ガラクタはなければないに越したことはありません。

なぜ、あなたは偶然出会った友人からの夕食の誘いを受け入れるのですか？　誰かを失望させることで感じる不快感から逃れるためですか？　カレンダーを予定でいっぱいにしているのは、忙しくしておくことで、自分が口にしてきた夢を実現できないようにするためではないですか？　たぶん、このように自分の時間を埋めることで、自分で冒険をできないようにするためでしょう。

物質的なガラクタと同様、人間関係で疲れてしまうのも、何か深い理由があるからなのです。物質的ガラクタのときと同様に、原因を調査してみてください。そして、人間関係でどのようなことが起きているのか、実際に探し出しておきましょう。

時代遅れの考えのままで、自分自身をずっと縛り続けていた規則は何か、調べてみてください。

3・古い信念

信念とは自分の人生の指針にしている規則のことです。しかし、それははるか昔に同意した規則で、おそらくもうそんなことを決めたこと自体すでに忘れていることでしょう。それにもかかわらず、自分の生活の一部となっているので、この規則に注意を払わずとも、無意識に従っているのです。

それは車のフロントガラスに似ています。あなたはこの透明なガラスの存在には気付いていていません。それでも、あなたは世界をこのガラス越しに眺めながら、どんどん前に進んでいくのです。

信念とはあなたの脳のなかにあるフィルターのようなものであり、世の中を具体的な方法で見られるようにしてくれます。しかし、その見方は歪んでいる場合が少なくありません。

信念は幼いころに創り上げられています。あなたがこの世に誕生して、あたりを見渡した瞬間から築かれていくのです。人生で初めて顔を合わせた人々を観察することで、あなたは世間を渡っていく方法を学んでいきます。つまり、人生で自分がやるべきことと、やってはいけないことを学習していくのです。

信念とは人生の手引書（マニュアル）のようなもので、後になって、（ほとんど）まったく役に立たなくなることに気付くまで、あなたの人生の指針となっています。実はこのマニュアルは大人ではなく、子どもが生きるための手段として創られるものです。

周囲の世界に自分の居場所を見つけるために、信念は創り出されてきました。幼いころ、あなたの脳のなかの重要な部分は発展の途上にあり、まだ自分を中心に生きてきました。

子どもについて考えてみてください――彼らは自分を世界の中心だと考えています。そう考えてしまったとしてもそれは彼らの責任ではありません。幼いころは誰しもそのように考えているのです。

しかしある時、誰かがある方法で振る舞っている姿を眺めたとき、子どもはその人物の行動を「自分」のフィルターを通して眺めます。「あの人の行動は僕とどう関連しているのだろう?」「これは僕にとってどのような意味があるのだろう?」「あの人がするように実行したり、扱ったり、振る舞ったりすればいいのだな」といったように解釈していくのです。

両親が喧嘩するのを見ていたとしましょう。親たちは互いに大声で、悪口雑言を浴びせかけています。子どもであるあなたはその状況を学習し、「誰かに怒られたなら、叫ばなくてはいけないものだ」と解釈します。また母親が怒って家を飛び出してしまい、2日間、父親と話をしなかったとしましょう。すると誰かに腹が立ったなら、しばらくその人物と話すべきではないと考えるようになるのです。

このような「教育」にはマイナス面があります。つまり、このような偏った信念を身に付けてしまうと、年齢が上がるにつれ、自分を躓かせてしまうのです。

「腹の立った人とは口を利かない」という学習を例にしましょう。子どもの心が学ぶのは、口論の方法だけではなく、その結果どうなるか、ということもです。つまり、「僕が誰かを怒らせたら、その人に相手にしてもらえなくなってしまうかもしれない。ずっと仲良くしておきたいなら、相手には機嫌よく、親切に振る舞ったほうが得なんだ」といった考えも同時に植えつけられてしまうのです。

この信念を抱くようになると、自分の願望や想像する結果とは関係なく、どんなことも受け入れておくのが無難だという考えが染み付いてしまいます。しかし、これはあなたの人間関係にとってはいわゆるガラクタになってしまいます。

信念は常に自分のやっていることが正しいということを確認せずにはいられません。だから結局、自分の考えが正しいことを証明してくれる人を自分の周りに集めることになってしまいます。

例えば、あなたが自分の希望は後回しにしなければならないという古い信念を抱いていたとしましょう。おそらくいずれは、この信念が誤りであることに気付けるようになるでしょうが、ずっと知らないままでいると、健全な生活を送ることができなくなってしまいます。

信念はすさまじい力があるので、自分の考えを認めてくれる人が周りにいなければ、無理をしてでもそのような人物を探し出そうとするでしょう。

例えば、人生は公平ではないと信じているなら、公平ではない証拠をなんとしてでも探さずにはいられないのです。それはあなたの考えが魔法のように不正な状況を作り出している、というわけではありません。むしろ、その信念によって人生は公平ではないと思い込んでいるので、それを確認するために世の中に存在する不公平な状態だけに目が向いてしまい、それ以外の状況は見えなくなってしまっているのです。フォード・モーターの創設者ヘンリー・フォードが言う通り、「あなたができると思おうと、できないと思おうと、その考えはどちらも正しい」のです。

ふつう信念は、安全だと感じたり、環境を理解したり、家族を愛したりといった適切な理由のもとに築かれていきますが、大人になるとその信念によって自分の自由を束縛してしまう恐れがあります。大人になるまでに、固定観念はかなり強固になっています。そして、自分を頭が悪く、魅力的でもない、ありふれた人間だ、と思い込んでしまうのです。

このようなガラクタ的な考えで生きていると、モノの見方が偏ってしまい、広い視野から物事を眺めることができなくなってしまいます。そうなると、新しいことに挑戦したくても、自分にはそれができる能力があるとは信じられなくなります。

このような信念は、物質的なガラクタという具体的な形となって現れてきます。

私のクライアントのサンディーは、3つのファイリング・キャビネットの中に書類を詰め込み、さらには床の上にまで書類を溢れさせて、積み上げていました。彼女は、コピーした新聞や雑誌、ブログの記事、雑誌の切り抜き、メモなどのなかで溺れるように暮らしていました。「この紙のすべてが、いつか必要になるかもしれないから、情報はすべて手放したくありません。自分が知らないことや、質問に答えたりしなくてはならないことがあったら、このファイルで調べられますからね」と彼女は説明してきました。

「この書類を以前参考にしたのはいつですか？」と私は尋ねてみました。

「覚えていないわ。でも、万一に備えて残しておくのは悪いことではないでしょう」

「安全策のようなものかしら？」

「ええ」

さらに踏み込んで、私は彼女にこのファイルを処理するとしたら、どの書類を捨てるつもりかと尋ねてみました。

「資料と参考書かしら」とサンディーは答えました。私がこのような種類の情報は、インターネットを使えば、簡単に調べられると彼女に忠告したからです。

私はさらに、「実際に捨てるのは何ですか？」と尋ねました。

長い沈黙の後、彼女は静かに、「それは私の今までの間違った信念ですね」と答えました。

ようやく足掛かりがつかめてきました。家族のなかでいつも「愚か者」と思われている人がいますが、彼女もそのようなポジションであったため、自分はものを知らないから情報はすべて引き出しにしまっておかなくてはいけないと信じていたのです。

古い信念を消し去り、もっとしっかりした新しい信念に取り替えるという作業に取り組んでいく過程で、サンディーはたまっていた書類を大量に処分し始めました。今や書類は、翼の上に載せている重りのように感じられたからです。彼女は重りを捨てて、空に飛び立つ決意をしたのです。

彼女はただ、自分が保管や整理整頓の問題を抱えているのだと考えていました。しかし、実際はファイルにもっと根本的な理由が含まれていたために彼女は書類を分類するのが困難だったのです。すなわち、これらのファイルは、彼女の「自分はあまり頭が良くない」という思い込みを彼女自らが確信に変えるために必要だったのです。

書類は彼女を苦しめる元凶ではありませんでした。書類をメッセンジャーとしてとらえたとき、これらはサンディーが彼女の誤った信念から抜け出すことを助けてくれたのです。実際、彼女は書類を手放した時、自分が物おじせず、自信に溢れていることを感じました。

信念はもはや自分の生活の一部のようになっているので、かえって確認するのは難しいかもしれません。

まずは自分の過去の出来事のリストをチェックすることをお勧めします。

子どものころ、あなたの周りにはどんな人がいたのか、思い出してください。

あなたはどのような環境で育ち、どのようなことを教えられてきましたか?

ご近所の人はどのような人でしたか?

あなたに友人の輪を作ってくれたのは誰ですか？

世間での振る舞い方、経験、言葉遣いなど、そこから何を学びましたか？

この人生の出来事リストを調べるための、素晴らしい手段は書くことです。記憶を蘇らせるために、次のような言葉で始まる短い物語を完成させてください。

「子どものころ、いたずらをしたら、父は私に（　　　　　　）したものだ」

「宿題を忘れてしまったとき、先生は私に（　　　　　　）と言ったものだ」

「あることで成功したとき、私は（　　　　　　）と言ってもらえた」

「成功しなかったときは、人から（　　　　　　）と言われた」

空欄を埋めて、人生のなかでの自己破壊、妨害といった感情的ガラクタに関連する領域を思い浮かべてください。そこから、自分の信念は何で、その信念の原因がどこにあるのかに気付けるようにしましょう。

自分の誤った信念の正体をつかむためのもうひとつの方法は、「もしこうなったら、こうする」といったよく自分が口にしている言葉に注意を払うことです。

例えば日頃、「貧乏になったら、人は私を嫌いになるだろう」、「自分が弱い人間になったら、人の重荷になってしまうだろう」といった言葉を口にしているようなら、幼いころ、あなたがこのような考えを吹き込まれた証拠です。

あなたがいつも呟いている言葉に耳を傾けてみましょう。次のような言葉をあなたは口にしていませんか？

- 「奴らはいつも私を苦しめようとしている」
- 「人生は公平にはできていない」
- 「人間っていうものは……」
- 「こんなことできっこない……」
- 「この状況は私にとってまったくの不利だ」
- 「私はいつも貧乏籤ばかり引いている」
- 「なんでも思い通りにできるわけじゃない」

このような言葉は、理想の人生を実現するのを妨げる感情的ガラクタの役割を果たしています。

このような言葉は言い訳にすぎません。自分の殻を守るための言葉であり、不満や憎悪をほかのことに逸らすための手段なのです。

このような言葉を人生のマニュアルのひとつに加えてしまうことで、自分の偏った生き方は間違っていない、とずっと信じ込んでしまうことになります。

このような言葉を否定し、新しい行動に取り組んだなら、幼いころから築き上げてきた人生の規則に反することになり、動揺し、不快になり、恐怖心まで抱いてしまいます。

すると、自分の心に波風を立てないようにするため、内面の声が聞こえてくるのです。しかし、その声に従ってしまえば、あなたが望んでいる状況は手に入りません。今こそ、これまでの人生のひな型を投げ捨てるときです。

偏った信念が浮かんでくることに飽き飽きし、それが自分の成長を妨げているという事実に気付けたなら、この感情的ガラクタを処分する番です。あなたの考え方が、このガラクタの最も大きな原因になっている場合が多いのです。

では、ガラクタを処分する仕事に取り掛かりましょう。

Action Time!

このエクササイズは、ガラクタがたまってしまう主な原因を探り当てるための三部構成からなる方法です。

【期待】

まず自分の頭のなかを空っぽにしてください。

タイマーを10分にセットします。そして、頭のなかに浮かんでくるすべてのことを書き留めてください。

「犬をトリマーに連れていこう」から「お母さんの誕生日のプレゼントは何にしよう」「戸棚を掃除しよう」まで、浮かんできたすべてのことを書き込んでください。頭はできるだけ空っぽの状態で始めます。

次に、書いたものを点検し、3つの項目に仕分けましょう。

●自分:自分ひとりで実行できるもの
●他人:ほかの人が扱うことができるもの
●誰でもない:実際にはまったく必要のないもの

【自分】

【他人】

【誰でもない】

これは自分がためてしまったガラクタを確認し、実際にガラクタを放置するのを正当化している原因を認識するのに役立つでしょう。

あなたの頭のなかのガラクタを整理するためには、まず現実的な期待をはっきりさせることから始めます。
行き当たりばったりの行動をして、余計な努力をしないよう、自分にとって重要なことと、そうでないことを事前に評価しておきます。そうしておくことで、抵抗が明らかになるので、変化を成し遂げるときは、戦略的に行なうことができるでしょう。

では、「自分」に分類した項目のなかからひとつ選んで、問題に対処する方法と時間について計画してください。

【方法と時間】

その項目を達成するのが難しいようなら、一挙に取り組もうとせずに、扱いやすい部分にまず分解し、実行していきます。あなたが問題にどれくらい抵抗するか調べることで、問題の大きさが分かるでしょう。

【線引きを行なう】

これから７日間のあなたのスケジュールを見直し、人とした約束があなたの人生のためにどれくらいプラスやマイナスになっているのかを評価してください。そしてどの約束がキャンセルできるかをメモしてください。

では、「失望させるという課題」に取り組んでみましょう。
次の２週間で、少なくとも１日にひとりの人を失望させてください。そんな恐ろしいことはできないと思うかもしれませんが、ノーと言う力を鍛えるためにとても大切なことです。

もしどうしても難しく感じられるのなら、まず今までよりメールや留守電に返事するまでの時間を少し遅らせるといった、簡単なことから始めてみましょう。
または、会社でのプレゼント交換はしない、といったことでもいいでしょう。

しかし、この課題で最大の成果を得るためには、もう少し高いリスクが必要となっていくでしょう。

友人からの夕食の誘いを断ったり、隣人に飼い犬の散歩の代行を断ったりするのです。


以前は承諾していたことでも、実はあまり気乗りがしないようであるなら、断ってください。カレンダーのなかにもっと多くの断ることを探してください。


こんなことをすれば、友人や隣人、地域社会にいい印象を持たれないじゃないか、と思われるかもしれません。

しかし断ることに対するあなたの恐怖は、事実に基づくものではないことに気付いてください。それで人はあなたを嫌いになったりはしませんし、あなたがみんなから忘れ去られてしまうわけでもないでしょう。


この課題を受け入れるということは、長年、あなたの邪魔をしてきた古い信念を進んで捨て去る証拠です。

今までの信念を放棄し、他人ではなく、自分に優先権を与えることにしましょう。

こうすることで、心のなかの批評家を黙らせ、嫌なら素直に嫌だとしっかり言える人間になれます。

【信念】

このエクササイズには、数週間ほどの時間が必要となるでしょう。時間をかけて、人生のプラスとなる、新しい信念を創り出し、定着させていきましょう。次に簡単に説明した通り、一歩一歩前進していけば、目標に辿りつくことができます。

1・あなたが捨ててしまいたい信念を明らかにしてください。あなたの進歩の妨げになっている古くから守っている考えを調べてください。例えば、次のような考えです。

- 私が必要なものはまったく持っていません。
- 私はやる気が起きません。
- 私には意志の力がありません。
- 私の願いなんて叶えても大したものではありません。
- 私は何かを始めても最後まで成し遂げることはできません。

2・この考えに反論を試みてください。前の例とは正反対の考えは次のようになるでしょう。

- 私には成功に必要なものはすべて揃っています。
- 私は計画を扱いやすい部分に分けて、実行に移します。
- 自分は忍耐強くて、自分のことが大好きなので、安全な立場から飛び出して、新天地に挑むことができます。
- 人を好きになるためには、まず自分を好きにならなくてはいけません。
- 私は重要な計画や義務をすぐ実行に移せます。

3・「信念日記」を書いてみましょう。新しい信念(あなたに「最高だ」と口に出させるような考え)を抱いたなら、2週間、毎晩、寝る前に10回、この信念を日記に書き留めておきます。


思い出したらすぐに日記に記せるように、ナイトスタンドの上にペンといっしょにこの日記を置いておきましょう。

眠っている間に、無意識のなかで素晴らしいアイデアが生まれてくるかもしれません。睡眠は、新しい信念の種を頭に植えつけてくれるまたとない時間になります。


4・自分の蒔いた信念の種が自分にしっかり根付き、自分にとってなくてはならない信念となるように、成長させていきましょう。

「〜のように行動しよう」と考えることで、自分にとって必要となる新しい信念が、自分にとっての新しい真実であると確信できるようになります。

例えば、この信念を自分にとって最優先事項にできるようにするには、2週間、さほど重要ではない要求や招待は断るという課題を果たさなくてはいけません。この課題を行動に移さなくては、新しい信念は頭のなかだけの考えで終わってしまい、今まで通りの偏った信念に振り回されてしまうことになります。

5・古い信念が再び蘇ってきたのに気付いたならいつでも、ステップ１から４を再び実行してみてください。

以前の偏った信念が完全に消えてしまうには数年かかります。だから、辛抱強く新しい信念を根付かせなくてはいけません。

でもここでよいことを知らせておきましょう。古い信念が何度か蘇ってきたとしても、すぐ新しい信念に戻すことができます。


偏った以前の信念を消し去ることで、脳が鍛えられ、不満や障害はなくなり、希望と新しい可能性が芽生えていきます。

Chapter 5

あなたのガラクタは気晴らしの道具なのか？

Is Your Clutter a Handy Distraction?

ガラクタをためてしまう根本的な原因を理解したからといって、やはりなかなか処分することはできないものです。むしろあなたは、ずっとこのままの状態でいたいと思っているのではないでしょうか？　ガラクタはあなたが気付いていないだけで、何かしらあなたの役に立っているのかもしれません。

ガラクタは賢い自分になるための手段だと考えてください。それに気付いた上で、この厄介者を処理すれば、あなたは新たな段階へと生まれ変わり、より充実した、自分らしい生き方ができるようになります。

しかし、この目標に辿りつくまでには恐れを感じることもあるでしょう。ガラクタを処分したら、人生は一体どういう風になってしまうの？　人生を変えるには危険を冒さなくてはいけないのなら、現状を維持していたほうがいいのでは？　このように感じるかもしれません。

未知の世界に挑むのは、ひどく怖いことです。あなたも未知への恐怖については何度も耳にしたことがあるはずです。

ですが、この未知の状態には、そもそも恐怖など存在しているのでしょうか？　じっくり考えてください。知りもしないものを恐れる必要などありますか？

実は、ここで言う恐怖とは、未知のことそれ自体を指しているのではありません。未知の状態に対処できないということが不安に駆り立てるのです。

ガラクタはこのような不安から目を逸らしてくれるという役割を演じています。あなたの心のなかの批評家は愛、忍耐、支援を必要としていると同時に、あなたにこの未知のものの案内役になってもらうことを望んでいます。次にどのような状況が展開するのかを理解し、いつ助けを求めればいいのか、あなたに教えてもらいたいのです。

このような判断力があることを証明しなければ、心のなかの批評家には信頼してもらえず、あなたは自分の人生の舵を取ることができなくなってしまいます。


ブログに記事を初めてアップしようとするとき、人から自分の意見がどう思われるのかふと不安になったとしましょう（この不安は感情的ガラクタです）。

書いた内容を批判されたらどうしよう？　さらに悪いことには、「偉そうに！　このブログに意見を出そうとはお前何様のつもりだ」と、辛辣に叩かれでもしたら？

このような恐怖は、あなたの心のなかの批評家から聞こえてくる声で、あなたを脅して、ブログに意見を「アップする」のを止めさせようとしています。感じやすく、すぐに傷ついてしまう批評家が、あなたの前進を妨げようとしているのです。新しいことを行なって、万一たいへんな事態が発生したらきちんと対処してもらえるのか、心配しているのです。

でも忘れないでください。このままでは、あなたの心のなかでは、新しく何かに挑もうとするのはいけないことになってしまいます。

心のなかの批評家はまるで幼い子どもです。子どもは何かが欲しくなったり、必要な事態が起こると、混乱したり、驚いたりしてしまい、遠回しにしか親に自分の気持ちを告げられなくなってしまいます。本当のことをずばり言うのは苦手なのです。

だから、彼がどんなことを考えているのか知りたいなら、推論してみるしかありません。どれほどたくましく見えていても、この批評家は否定的な反応には対処することはできず、あなたが代わって質問に答えてあげなくてはいけないのです。

自分にはそんな力などないと思うなら、友人かコーチに助けてもらって、自分に自信をつけて、しっかりした人間になったことをこの批評家に証明してあげなくてはいけません。

そうすることで、彼は話に耳を傾けてくれるようになり、自分が大切にされているのを感じるようになります。これでもう目標の追求を邪魔することはなくなります。

このような小さな一歩が、心のなかの批評家との信頼を築く方法です。

あなたはまだブログに投稿する記事を書くためのの簡単なメモを書いている段階かもしれません。ここから草稿をひとつ書きます。続けて文章を推敲して、そこに適切な写真も掲載します。

このような執筆過程を、心のなかの批評家に包み隠さず話してあげることです。そして彼にどのように感じているかを確認してください。

彼に恥をかかせたりしてはいけません。そんなことをすれば、再び不安を掻き立ててしまうことになるでしょう。

私のクライアントのマージョリーの場合、自分の心のなかの批評家の痼癖を抑える手段は食べることでした。

彼女は素晴らしい恋をしたかったのですが、デートをしても自分に自信が持てずにいました。なぜなら、以前より太っていたからです。

彼女はインターネットのマッチングサイトのプロフィールに、もっと見栄えのよい写真を掲載したかったので、体を鍛えようと考えました。

2年間、彼女の体重は増減を繰り返していました。減量できても、数か月後には砂糖の多いスナック菓子に手を伸ばし、また太ってしまったからです。こうして、闘いに疲弊した彼女は解決策を求めて私に相談してきたのです。

私は、まず、彼女の現状を観察することにしました。

少し調べてみて分かったことがあります。彼女はマッチングサイトに投稿するための写真をアップロードする時期が近付くにつれて、スナック菓子をたくさん食べる傾向があったのです。

さらに調査を進めていくと、彼女は成人するまで自分に満足できたことが一度もなく、何をやっても自分は中途半端だと感じていたことが分かりました。心から励ましてくれる家族もなく、いつも自分は拒絶されていると感じ、孤独感を抱いていたのです。

「マッチングサイトの相手に拒絶されるのが怖いのではないですか？」と私は尋ねてみました。

「たしかに、その通りです。でも、誰もがそうではないですか？」と彼女は聞き返してきました。

「そうかもしれませんね。でも、この拒絶されるのではないかという恐怖心が、体重が減らない原因になっていたとしたらどうでしょう？

あなたがプロフィールをなかなか作成できないのは、もっと痩せなくてはいけないと思っているからでしょう。でも体重がずっと重いままなら、プロフィールを書かずに済むので、男性に拒絶されることもないと思ってはいませんか？」

この質問に彼女はしばし沈黙しました。

「たしかにそうかもしれないわ」と彼女は静かに答えました。

「そうですか！　じゃあ、体重を減らして、自分にもっと自信がもてるようにするためには、まず拒絶される恐怖を克服することから始めなくてはいけませんね」

私たちはこの課題に取り組みました。たしかに、すぐにこの問題が解決できたわけではありません。しかし、拒絶される恐怖を減らしていくことで、彼女の殻は破られていき、ついにマージョリーは躊躇う気持ちを振り払いました。

彼女は「正面と全身」（彼女いわく）の写真を使って、素敵なプロフィールを作成したのです。すると翌週にはふたりの素晴らしい男性とお喋りできるようになりました。

彼女は、自分の体についた余分な体重が、自分が拒絶される原因だと信じていました。しかし殻を破れなかった本当の原因は、彼女の考え方にあり、彼女のそれまでの生い立ちにあったのです。体重と同様に彼女の考え方もガラクタだったのです。

マージョリーは、減量したなら、理想の恋人と出会いもっと幸せになれると、自分に言い聞かせていたかもしれません。恋愛のことを考えるとうっとりして、それが実現できれば問題はすべて解決されると想像していたのでしょう。

しかし、そこには高揚感以外の感情も含まれていました。すなわち、疑いです。目標を達成したとしても、自分が望んだことがすべて実現できなかったらどうなるのだろう？　体重が減っても、ずっと恋人ができなかったら？　その場合、自分はどうすればいいのだろう？　そんな惑いが心に住み着いていたのです。

ひとつのことを成し遂げたからといって、それですべてが解決するとは限りません。現実は杓子定規には扱えないという事実に向き合う必要があります。その事実があるために、あなたは失望して不幸な気分になったらそれをガラクタのせいにできるように、ガラクタにしがみついてしまうのです。

何かを追求して生きていくのは楽しいことです。人はどこまでも追い求めていくことが大好きなのです。目標を求めるのはワクワクします。

月曜日にダイエットを始める決意をすると、何かしら心がうきうきしてきます。ところが雑音も同時に聞こえてきます。そして月曜日が来ると、ダイエットは来週からにしたほうがよいのではないかと思えてきて、昼食にドーナツを食べてしまうのです。

机をきれいにしたのに、原稿を仕上げられなかったとするならどうでしょう？　その場合、一体その責任は誰が取ればいいのでしょう？

期待に押しつぶされるとガラクタは机にずっと置きっぱなしになり、あなたの理想の協力者を寄せ付けなくし、体まで太ってしまう。

例えば、あなたはずっと机の上を散らかしっぱなしにすることで、請求書を支払えないのは、机を整理できないからだ、と自分に言い聞かせます。しかし請求書が支払えない本当の理由は、あなたの預金残高が増えないことか、事業の利益が出ていないことが原因であると分かっているはずです。あなたのお金に対する熱意が冷めているなら、神様もあなたの手助けをしようという気を失ってしまうでしょう。

「必要なものが揃いさえすれば、絵を描くことができるだろう」、「洋服ダンスを片づけたら、職探しに行こう」などと考えたとします。しかし絵を描いたり、新しい仕事（またはほかの目標）を探すことが何か恐ろしくて、たじろいでいるとするなら、ガラクタを処理しないことが、自分を前進させないことの格好の言い訳となります。

古い格言に、「行動が言葉よりもよく語る」というものがあります。この格言は、あなたにはいつでも凄まじいエネルギーを集める用意が出来ていることを説明してくれる重要な標語なのです。

たとえお金持ちになりたいと言っていたとしても、もし無駄遣いをし、期限通りに請求書を払わず、最新の簿記も使っていないとするなら、言葉と行動はまったく裏腹のものになってしまいます。

借金は感情的なガラクタをつくり出してしまう大きな原因のひとつとなります。請求書が来るのを恐れたり、クレジットカードの残高を見るのを避けたり、次の住宅ローンや家賃をどうやって支払おうかと不安に思っているようなら、収入を増やすのもたいへん難しくなってしまうことでしょう。

この場合、あなたが片づける必要のあるガラクタとは、自分のお金に関する行動です。

その点を、ここで深く掘り下げてみることにしましょう――請求書を避けることで、何か良いことはあるのでしょうか？　自分が身分不相応の暮らしをしているという事実を直視しなくて済むかもしれません。そうでなければ、お金のことで打ちのめされることになるでしょう。あなたはこの事実から目を逸らし、「知らぬが仏」を決め込むことにしますか？

もっとお金を稼ごうと思っても、自分には無理だと感じてはいませんか？
富とかお金持ちについて何かマイナスのイメージを抱いていませんか？
人に判断されることに不安を抱いていませんか？
あなたよりお金持ちの人に悪口を言ったりしていませんか？
お金があると、心は貧しくなってしまうと考えてはいませんか？

あなたが臆病で人と線を引くことができない場合、恐らくガラクタが代わりになってその線引きをするという役割を果たすことになるでしょう。あなたが誰かに要求を伝えることができず、無礼な扱いを許しているとき、その不満を補うために、ガラクタが目の前に現れるのです。

私のクライアントのモニカは最近、田舎に土地を買いました。そのため、みんなが彼女に、いつ新築祝いのパーティーを開くのかと尋ねてきました。

しかし、それが彼女のストレスになっていたのです。モニカは自分の心に素直になれずに、まだ引っ越しの荷物の片づけができていないという言い訳をして、新築祝いのパーティーを開くのを延期していました。

「ええ、まだ荷物がそのままなので、家が落ち着かなくて」

引っ越し用の荷造りを解いた後も、それをパーティーが開けない言い訳としていました。引っ越し用の段ボールや袋は、意図せずして人と線を引く役割を果たすことになりました。ですが、それは短期的には効果的でしたが、同時に散らかった家で暮らすことを意味しており、彼女はいつまでも自分の新しく美しい空間を楽しむことができずにいました。

仲間たちが訪ねてくるときに家をきれいにする代わりに、彼女はガラクタで「まだ家が落ち着いていない」というストーリーを補強したのです。

この時点で、私は人としっかり線引きを行なうための言葉をモニカに伝授しました。すなわち、その一線とは友人や家族に本当の気持ちを伝えることです。

私はモニカに、「引っ越し祝いのパーティーは開かないことにしました。代わりに、ときどき家に訪ねてください」といった答え方をしたらどうかと提案してみました。

「それなら相手に失礼ではなく、自分の言いたいこともはっきり分かってもらえますね。これならいけそうです」とモニカも言ってくれました。

「それはよかった。これで同じ人から、いつパーティーを開くのかと何度も質問されることはなくなるでしょう」

「でも、それでもパーティーを開く必要があるとあれこれ言ってきたら？」

「モニカ、だから線引きを行なうのがいいのよ」と私は主張しました。「自分の立場を繰り返せばいいの。『あなたが言っていることは分かるけど、私はパーティーを開かないことに決めたの』と率直に言ってあげなさい。理解してもらえるまで、何度も言ってみることよ。不快に思われることもあるかもしれないけれど、相手にもあなたの心はゆっくり伝わっていき、結局、あなたの立場を尊重してもらえることになるでしょう」

今度、誰かが引っ越しパーティーの話を持ち出したときには、このような線引きを行なってもらい、その結果どうなったかを、Eメールで知らせてもらうことにしました。

メールが送信されてきたとき、私は結果がどうなったのか不安になりましたが、彼女は次のように答えてきました。

「誰も私に辛く当たってくる人はいませんでした！　ひとりの人が多少パーティーを開くことにこだわっていましたが、再び自分の考えを述べると、もうその件で何も言わなくなりました。こんな簡単なことで、これほど効果が現れるなんて本当に驚きですよ」

理論的には単純ですが、やはり人との関係性に線引きを行なうのは勇気がいるものです。しかし、穏やかな口調ではっきりと話せば、さほど怖くはありません。

その他にガラクタを利用して線引きを行なう方法でよくあるのは、カレンダーにやらなければいけないことや人との約束を詰め込むことです。あなたの予定に空きがなければ、断りづらい招待であっても出席しないで済みます。あなたのカレンダーを、自分のための予定でいっぱいにしてください。

クライアントのジェニファーは定年退職したとき、これからは自由になれる時間がたくさん増えると、ワクワクしていました。ところが彼女の息子のほうは、必要なときにはいつでも彼女に子どもの世話をしてもらえると考え、別の意味で彼女の退職を心待ちにしていたのです。

最初のうちは、息子が子守を頼むと、ジェニファーは喜んで応えていました。孫と過ごすのが大好きだったからです。だから、息子はしょっちゅう孫を預けにきました。

しかし、彼女は孫の学校やサッカーの試合などの送り迎え、さらには夕食の用意もしてあげていたので、そのうち、すっかり疲れてしまいました。

彼女は息子を助けることも、孫と楽しい時間を過ごすことも嫌ではありません。しかし、結局、自分は何か都合よく使われているように感じ、不満がたまり、疲労困憊していったのです。

そして、一度そう思ってしまうと、孫とつきあうことがひどくしんどくなってきたのです。でも息子に孫の世話は嫌だと言うつもりはまったくありませんでした。だから、断る代わりに、地元のグループでボランティア活動をしたり、定期的に運動教室に参加したり、病院の受付の仕事をしたりして、孫との時間を作れないようにしたのです。

息子から孫の子守を頼まれても、忙しくしていることで、残念だけどその暇がないと言うことができました。

しかし、1日の終わりには、やはりぐったり疲れてしまいました。今度は、このようにスケジュールをびっしり組むことが悩みになってしまったのです。

彼女は好きなことをしていましたが、それが孫の世話を避けるためであることにも何か負い目を感じて、やはり純粋には楽しめなくなってしまいました。

私たちは一緒に解決策を考えることにしました。それで、週に一度、孫の世話をすることに同意し、息子に孫の面倒をみる必要がある日を選んでもらうことにしたのです。

彼女がごく自然に自分の意見を言えるやり方を探し出し、実際に息子にそれを話すことにしました。

家族と線引きをする際は、とりわけ慎重に行なわなくてはいけません。そのため、息子とその相談をする前と後にどんな会話を交わしたのか連絡してもらうようにしました。新しいことを実行する際には、ドキドキしてしまうものなので、ときどき人に支えてもらう必要があります。

彼女が考えていたこととまったく違うことを息子は考えていました。息子はジェニファーにできるだけたくさん孫と一緒にいる時間を作ってあげたいと思っていたのです。だから、週に一度が適切な回数だと説明すると、納得し、素直に従ってくれました。

このように、ガラクタにはもうひとつの面があるのです。私たちは自分の心のなかで物語を創り出して、話を大きく、深刻にして、必要以上におろおろしてしまいます。ですから、それが自分の思い込みではないか確認してみることで、たいていの場合は心地よい驚きを味わうことができるでしょう。

ガラクタは、今までは迷惑なものとしか考えられていませんでしたが、実質には素晴らしい情報が無限に潜んでいる資源でもあるのです。

Action Time!

ガラクタをずっと処分せずにいることで、一体どんな利益があるというのでしょう？　それを確かめるために、次の文章を完成させてください。

最初に頭に浮かんできた考えを書き留めましょう。その際、あれこれ考えたりしてはいけません。別に人に見せるものではありません。まずこの作業を終えてから、じっくり考えていくことにしましょう。

ガラクタがなくなれば、(　　　　　　)ができるでしょう。

ガラクタを処分することでワクワクするのは、(　　　　　　)だからです。

ガラクタの処分をする際に不安になるのは、(　　　　　　)だからです。

ガラクタが処分できたらより幸せになれるのは、(　　　　　　)だからです。

ガラクタを処分することができたら私が直面するであろう結果は、(　　　　　　)です。

Chapter 6

現実的に取り組みなさい

Let's Get Practical

これまで、まったく新しいやり方で、ガラクタを観察し、そのガラクタがあなたの人生で果たしている役割を理解してきました。しかしそれだけでは、モノが相変わらずたまったままであるという事実には変わりありません。

ガラクタのなかに隠されているメッセージを見つけ出せたなら、今度は自分を正常な状態に戻していく番です。ではさっそく、ガラクタを減らし、これから人生のなかに現れてくる余計なモノの数を少なくするための方法について調べてみることにしましょう。

ガラクタは景色のなかに溶け込んでしまっているので、そこにあっても別に違和感は覚えないかもしれません。あまり余分なモノだという自覚がないガラクタを、それがガラクタであると特定するためには、家庭や職場を新しい視点から眺めてみなくてはいけません。

その際には、自分ひとりで調べる必要はありません。適切な助けを借りられるなら、はるかに簡単に（しかも楽しく！）、状況を評価し、ガラクタかどうか選別できるようになるでしょう。

クライアントのルーシーは、モノを大切にしまっておくのが好きでした。しかし、彼女の娘のほうはモノを処分するのが好きでした。だから、ルーシーが長年、手放せずにいたモノを処分するには、娘は申し分のない助っ人になったのです。

娘はルーシーを説得し、多少多めにモノを処分させましたが、ルーシーが残しておきたいとはっきり言えば、娘もその言葉に耳を傾けてくれたのです。互いに尊重し合える相手になれたのです。

批判したり、恥をかかせたり、裁いたりしてくる人には用心してください。援助を求めるなら、あなたに共感し、尊重してくれる人にすべきです。

自分ひとりでやるのか、それとも人の助けを借りるのか、決められるのはあなただけです。

私の母は服ならなんの問題もなく処分できましたが、クリスマスの装飾のような家族との思い出が残る品はなかなか手放せずにいました。

手放す場合には、ただ捨てるよりはどちらかと言えば家族の誰かに持っていってもらうことを好みます。

また、彼女の子どものいずれかが、装飾を楽しんでくれる人を知っている場合には、彼女はガラクタを手放しやすくなりました。たとえその相手が家族ではなかったとしてもです。

なかなか捨てられなかったもののなかには、グリーティングカードもあります。母はカードを処分しようとすると罪の意識を感じてしまうのです。

しかし、1枚1枚そのカードの過去の思い出を詳しく説明してもらうことで、処分できるようになりました。なぜなら思い出の質には濃淡があることが確認でき、どれを残して、どれを処分するか、仕分けられるようになったからです。

母はひとりでは処分する気にはなれなくても、誰かに適切な助けをもらえば、なんとか自分で処理することができました。

私の義理の母は、家庭での不要品は簡単に処分することができましたが、亡くなった彼女の父親のモノだけはなかなかその踏ん切りがつかずにいました。父親の形見の品に対しては非常に感情的になってしまうのです。

私が一緒に検証した結果、私の母親の場合と同様に、自分の感情、考え、話を人に伝えてみることにしました。すると、自分の残しておきたいモノと手放す準備のあるモノを以前より楽に決断できるようになりました。

これからガラクタをためてしまう原因を明らかにし、処分する方法についてお伝えしますが、その作業はあなたがひとりだけでやらなくてもいいということを忘れずにいてください。助けや支援を求めるのは、傷つきやすい自我に、きちんと配慮するための素晴らしい方法です。

少しの間、自分が蓄えてしまったそれぞれのガラクタの種類や量を考えて、どうしてそれが人生のなかに現れてきたのかを考えてください。あなたがそのガラクタを手に入れたくなった理由は何ですか？

●人生で難しい状況に直面しているとき、憂さ晴らしのために買い物セラピー（訳注：落ちこんだときなどに買い物をすることで気分転換をすること）を利用していますか？　もし買い物で気晴らしをする代わりに、難しい感情を感じ取る練習を行なうとどうなるでしょうか？

●欲しくもなく、必要でもないモノでも、買い逃してはならないと感じてしまうことはありませんか？　IMNT（この品物がいつか必要となるかもしれない）症候群に苦しんでいませんか？

●友人や家族から、お下がりの服を贈られるとなかなか断れないということはありませんか？　ほかにもあなたの人生のなかで、断れないような状況はありませんか？

●先祖伝来のモノを捨てたりすると罰があたると思って、残しているのではありませんか？

●贈られたものをすべて受け入れることで、心の空虚感を埋めていませんか？

●人から何か贈られると、自分は愛されているのだと感じますか？　断ると、相手の厚意を無にすることになるのではないかと不安になってしまいませんか？

とくに気が滅入っているときは、新しいものを買ったり、手に入れたりすると、ワクワクして、うれしくなるかもしれません。しかし、少し時間が経てば、それは一転ガラクタに変貌してしまい、むしろ人生にとって余計なモノになってしまいます。買い物をするより、自分にとって本当に必要なものを手に入れることを、考えてください。

ガラクタを自分に寄せつけないようにするための最初の手段は、自分が納得できたものだけを買うようにすることです。そうすることで、余計なモノを人生のなかに割り込ませないようにすることができます。そのための方法をいくつかの例で紹介しておきましょう。

「お下がりはお断りする」

ずっと欲しかったわけでもなく、きちんと使うかどうかも分からないようなら、友人、姉、上司からのシャツ、ネックレス、小物などのお下がりは丁寧にお断りしてください。

ただならもらっておいてもいいだろうと思ってしまうかもしれません。それに断ったりしたら、相手の気持ちを損ねるのではないか、と不安にもなってしまいます。

しかし、前章で説明した線引きを行なうこととまったく同じように、さらりと丁寧に、「私のことを考えていただいてありがたく思いますが、今はいりません。きっとそれが好きな人がいるはずですよ」と言って断りましょう。

「いらないモノは手に取ったりしない」

必要のないモノを受け取ってしまうのは、休暇や誕生日などです。欲しかったものなら素直に感謝してください。もしクリスマスに何が欲しいのか尋ねられたなら、礼儀正しく、「いえ、せっかくですが、何もいりません」と言うべきです。それでもさらに尋ねてくるようなら、そのときは、自分の欲しいものを言っておくのがいいでしょうが、その場合は無理のない価格帯のものにしてください。

質問に何も返さないのは失礼になるかもしれないので、答えておくのが無難です。本当に何も欲しいものがないなら、寄付をすることを提案してみましょう。「本当に何もいりません。今は別に欲しいものがないのです。でも、もし私が支援している慈善団体に寄付してもらえるならうれしいです」

「量より質を選ぶ」

新しい服、ソファー、コンピュータを買おうと考えているときは、質のよい製品が展示してある店で買うことにしましょう。

私たちは使い捨ての社会に生きているので、たちまちジーパン10着、靴30足といった具合に、衣料品が家に溢れてしまいます。

数十年前なら、ひとつの家具は一生もので、数世代経っても使うことができました。ところが今では、人々は数年ごとに家具を交換しているので、埋め立て地はゴミで溢れてしまっています。安い値段で製造されるモノが、地球環境にどれほど負荷をかけてしまうのか忘れがちになっています。

服にも同じことが言えます。『The True Cost（邦題：ザ・トゥルー・コスト　ファストファッション真の代償）』というドキュメンタリー映画によると、毎年、地球上では、20年前の5倍もの服が購入されていて、そのほとんどが、結局、埋め立て地に捨てられる運命にあるそうです（いらなくなった服の95パーセントが再利用して着ることができるのですが、結局、その85パーセントは埋め立て地に送られ、廃棄処分となっているのです）[注1]。

カプセルワードローブ（訳注：極限まで数を抑えた手持ちの服）について考えてみましょう。それは時代の流行に左右されない、しっかりした、高品質の服を所有して、季節ごとに好きな服をコーディネートできるコレクションのことをいいます。

このようにすることは、たくさんの物質的ガラクタばかりでなく、精神的ガラクタも処分してくれる効果があります。なぜなら、服が少ない方が何を着たらいいのかすぐに選べるため、頭を悩ませずに済むからです。

「郵便物を分類する」

家に送られてくる郵便物をきちんと整理しておくのに最も優れた方法は、届いたらすぐに仕分けてしまうことです。

郵便のなかでどれがガラクタで、どれが大切なものでしょうか？

不要な郵便物はゴミ箱に直行させてください。簡単に仕分けをするためには、ガラクタならすぐに捨てることができるように、ゴミ箱を近くに置いておくことです。郵便受けのそばとか、台所に置いておくといいでしょう。

残しておく価値のある郵便物であると確認しても、必要かどうかを再度確認するようにしましょう。封筒を開いたなら、なかに入れてある、必要のない紙はすべて捨ててください。請求書に同封されている広告などの余分な紙は捨てることです。置いておく必要のあるものだけを残す癖をつけましょう。

請求書については、ファイリングシステムをつくって、自分が財産の優れた管理者であることを神様に証明してあげてください。

郵送にしろ、振り込みにしろ、請求書が送られてきたときは、その請求書を適切にファイルしてください。

私はペーパーレス化する前は、請求書を支払日の締め切り順に並べ、レターケースに入れていました。そして同じ場所に、差出人用ラベル、切手、小切手帳も置いていました。

今は、毎月、カレンダーに請求書の支払期日を記し、自分の取引明細書の電子フォルダーを調べて、一挙に支払っています。請求書の日にちが同じ月のなかで違う日に予定されていても、簡単に毎月、カレンダーにふたつ以上の日付を入れることができます。

忠告：クレジットカードの請求書の支払い期日は、自分の収入にとって最も都合のいい月日に合わせて、変えることができます。（訳注：日本の場合、支払期日を選べるカードとそうでないものがあります）

あなたが受け取る郵便の数を抑えるためには、迷惑なダイレクトメールを送れないようにすることです。フリーダイヤル番号に電話をして、メーリングリストからあなたの名前を削除してもらいましょう。

（訳注：日本の場合は、郵便なら未開封のダイレクトメールに「受取拒絶」と赤字で記載してポストに投函することで、その後送られてこなくなることが多いようです）

電話帳はまだ手に入れていますか？　私もずっともらっていましたが、Yellowpagesoptout.comにアクセスして止めてもらいました。

（訳注：日本のタウンページの配布停止はhttps://tpnet.ntt-tp.co.jp/contact/toi/toi_01.htmlから行なうことができます）

郵便物と同様に、Eメールもすぐにたまってしまいがちです。人生をシンプルにするという目的のために、時間をとってメールマガジンやメーリングリストを退会してください。そうすればメールがくるたびに削除するといった時間の無駄を省くことができます。いらないEメールを削除する必要も少なくなります。

このようなメッセージが送られるたびに、エネルギーは損なわれてしまいます。絶えず消していくのではなく、いらないものは一気に削除しましょう。

これもガラクタの原因をなくすための練習になります。あなたが登録しているメール配信サービスを一度に解除できるようにしてくれるのが「アンロール・ミー（Unroll.Me）」です。無料アカウントにサインすれば、あなたのアドレスが登録されているすべてのリストを眺めて、一挙に登録を削除できます。

Eメールを保管するには、Eメールのプログラムのなかにフォルダーシステムを作っておくことをお勧めします。

私のクライアントのひとりは、感心してしまう方法を利用しています。インボックス（受信トレー）のなかに4つのフォルダーをつくり、メッセージを次のように手動で分別しています。

行動：引き続き対処したり、返答したり、何かしら対処しなくてはいけないEメール。

待機：相手にメールを発信していて、連絡を待っているEメール。

いつか：今すぐではなくても、暇なときに読むかもしれないニュースレター。

保管：読んで、内容は分かったが、しばらく保管しておくべきもの。

Eメールのプログラムでは、送られてきたメッセージを自動的に適切なフォルダーに分別する仕訳ルール、またはフィルターを設定することもできます。

例えば、私はセールの告知や販売促進のメールを別に受け取るためのメールアドレスを持っています。そのメール・アドレス用のフォルダーを作り、そのフォルダーのなかにそのアドレス宛に送られたEメールが自動的に分別されるようにしたのです。

このように、受信メールはそのまま放っておくと重要なメールを見落としてしまうほどたまってしまいますが、私の主要な受信トレイには動きを遅くしてしまう、不必要なEメールはなくなりました。

◆すでに所有しているものを削減する

ダウンサイジングに取り組むときは、目標を現実的なものにすることを忘れないでください。事務所全体を掃除するのではなく、まずは塞がっているデスクの左側を空けることから始めましょう。服を整理するには、寝室のクローゼットに吊っている服の半分から取り組みましょう。本の場合は、本棚の2段分にざっと目を通しましょう。

目標を達成するのに役立つ、小さな一歩を考え出してください。あなたは大きな目標を追求していく決意でしょうが、クローゼット全体を掃除しようとして無理をするより、この小さな一歩のほうが大きな前進になってくれます。

恐怖や抵抗感が心に浮かんできたときは、大きな計画はいったん忘れてください。あなたにとってはその計画の完成が最終目標でしょうが、一気に成し遂げようとするのは、かえって失敗を招くことになってしまいます。

深淵を渡りたいと思うなら、そこに橋を架けなくてはいけません。そして、その目標を達成するための最も素早く、確実な方法が、小さな一歩をたゆまず進んでいくことです。

ポモドーロ・テクニックを利用してください。自分の次の一手を絶えず確認しておくことを忘れないように、自分のコンピュータにメモを貼りつけてください。電話にも「ポム・ラウンド」「次の一歩は何か?」「一度にひとつ小さな一歩を」といったメモを貼っておきましょう。

◆服

統計学的に言って、私たちはワードローブのなかの20%の服で80%の時間を過ごしています[注2]。

シーズンの終わりに、洋服を評価するようにしてみてください。あなたが一番身につけていたのはどの服ですか? この質問を自分の服の好みを知る手がかりにしてください。

そのお気に入りの服は、今もいい状態を保っていますか? 少しくたびれているとするなら修理しますか、それとも同じような服に取り替えますか?

どの季節でもまったく着ない服はどれですか？　そんな服は処分するべきです。もちろん、特別なイベント用のものでない限りは。

しかし、それも残しておく決断をする前に、やはり、自分がその服をどれくらい好きで、どれくらい自分に似合っているのかを評価すべきです。

特別な目的もなく、着ているわけでもないのに、なかなか捨てられずにいる服があるなら、少し時間を使って、なぜ捨てるのをためらっているのか、自分に問いかけてください。心の底から漏れ出てくるメッセージに耳を澄ませるのです。

おそらく大学名を記したTシャツは、あなたが胸に無限の可能性を抱いていた、熱気に満ちた若き日の思い出を呼び覚まします。

このTシャツがなかなか処分できないのは、その当時の気持ちを蘇らせたいという願望があるからで、実際にはそれほどそのTシャツを着たいとは思っていないはずです。このTシャツを処分してしまったら、思い出が消えてしまうと考えているのかもしれません。

ガラクタを片づけるためには、自分もこのような考えを抱いていないか、疑ってみることです。かつての栄光の日々についてあなたはどのように感じていますか？　このような喜びに満ちた時代をどう考えていますか？

では、次に現在の自分のことを考えてください。

どうすれば大学時代と同じ気持ちを蘇らせることができるでしょう？　今が昔と違っているのは仕方ありません。再び大学の友愛会のパーティーに参加したり、大学のサッカー部で練習したりすることはもうありません。どんなに頑張ってみても、昔とまったく同じ感情に浸るのは土台無理な話です。

この無意識の領域からガラクタを取り除くことで、思考と感情に対処することができるようになります。それによってガラクタの処分ははるかに容易になり、きれいな空間を維持できるようになります。

スキニージーンズを見れば、体重が自分の理想かそれに近かった時代のことを思い出すかもしれません。しかし、そのジーンズは、まだ子どももローンも持つ前の、友人と飲んだくれていたり、忙しくて週末旅行にも行けなかった頃も思い出させるかもしれません。

このような記憶は、太って穿けなくなったジーンズがなくても、忘れることはないでしょう。このジーンズが穿けるような体型に戻ったところで、今、あなたが背負っている責任が消えてくれるわけではありません。

このスキニージーンズがあろうとなかろうと、月に1回、女子会をする計画は立てられるはずです。大切なのは、このようなジーンズが象徴するかつての充実していた日々を、現在、どうすれば味わうことができるのか、ということなのです。

服の中には、日ごろ忘れていた過去を思い出させてくれるものもあるでしょう。しかしこのような服に執着しすぎてしまうと、今後、過去よりも素晴らしい時代は訪れてはこなくなってしまいます。過去の栄光は、再び蘇ることはありません。

別れた彼女から贈ってもらったトレーナーやマフラーをまだ捨てずにいたとしましょう。このような衣類がもっている古いエネルギーは、新しい人間関係が生まれるための大切な空間を人生から奪ってしまうことになります。

このようなマイナスの感情に振り回されてはいけません。あなたが恋人をなかなか見つけられないなら、過去のしがらみがまだ残っているせいかもしれません。何にしがみついているのかを確認する努力をしてください。

あなたを怒らせたり、悲しませたり、後悔させる過去の関係はなんですか?

私のクライアントのマークは、長年つきあっていたガールフレンドと一緒に資金調達のイベントに参加するために、オーダーメイドのタキシードを購入しました。ガールフレンドは非営利組織の世話人でした。

あいにく、マークにとって、その夜、問題になったのは資金のことだけではありませんでした。その席で、ガールフレンドが同僚と浮気をしていたという噂が——その同僚の妻によって——流されてきたのです。

マークはイベントの間はずっと紳士的に振る舞い、家に戻るまではガールフレンドにその噂について尋ねませんでした。自宅に帰って、彼がガールフレンドに噂のことを質問すると、彼女は肩を落とし、それから床に目を落としました。

彼女と別れて1年経っても、タキシードを見るたびに彼の気分は悪くなりました。この服は、彼女の裏切りと嘘を思い出させるからです。

マークとのコーチングの仕事では、結婚して、家族を持つという目標に焦点が絞られました。彼はデートはしていたのですが、恋愛関係に発展することはありませんでした。私は彼が臆病で、人をなかなか信じられない性格だということが自然と分かってきました。彼はこのような人間関係における恐れを克服しようと努力してきましたが、ずっとこの八方塞がりの状況を脱することができずにいました。

「今まで、このタキシードを処分しようと考えたことはありますか?」と私はマークに尋ねてみました。

「いいえありません。かなり高かったし、手袋みたいに自分の体にぴったりですから」と彼は答えました。

「資金調達のイベントの後も、タキシードを着ていますか？」

「いいえ、二度ほど着る機会はあったのですが、なにか見ていると腹が立ってしまって」

「体にはぴったりでも、見ていると気持ちが萎えてしまうのですね。タキシードをクローゼットに吊るしていると、『理想の人』と出会う機会が台無しになりはしませんか？」

マークはタキシードというひとつのモノが人間関係全般にかかわっているとは思ってもいませんでした。

私たちは小さな一歩を踏み出しました。クローゼットからタキシードを出して、毎日、見なくても済むようにしたのです。そうすることで、マークは以前はクローゼットの扉を開ける前に、自分が緊張していたことに気付きました。

もうタキシードは吊っていないので、ほっとした気分になりました。タキシードをほかの場所にしまうようになってから、デートの約束もふたつしました。おそらく、想像以上に、彼にとってこの処置がいい影響を及ぼしたのでしょう。

「服という命のないモノが、大事な人との出会いを妨げていたなんて、馬鹿げたことですね」

と彼は言いました。

「女性を遠ざけたのは、タキシードではありません。重要なのはこの服ではないのです。むしろタキシードが元ガールフレンドの裏切りの象徴となっていたことが問題でした。このタキシードがどんなにあなたに似合っていたとしても、もはやあなたにはとっては似つかわしい服とは言えません」

私はマークにタキシードを手離す機会を逃さないよう勧めました。おそらく彼はタキシードを処分するか、チャリティーに寄付することができるでしょう。

その翌週、彼は自分の会社が、恵まれない子どもがプロム（訳注：高校の卒業時に行なわれる公式のダンスパーティー）に行く際に着るフォーマルウェアを寄付するため、地元の学校に協賛していることに気付きました。自分も高校時代、プロムに行くための服を買う金銭的な余裕がなかったマークは、とりわけこの事業を身近に感じたのです。まさしくそれがタキシードを引き渡す絶好の機会となりました。

マークの頭はもうすっきりしました。この一件をきっかけに、彼は自分のエネルギーを奪っていたガラクタをますます精力的に処分していきました。タキシードを寄付した5か月後には、将来を約束する女性とも巡り合い、以前よりはるかに幸せに暮らしています。

このチャリティーはたまたまマークがタキシードを手放そうと考えていたときに開催されることになったものでした。彼がこのときチャリティーの情報に気付くことができたのは、タキシードの引き渡し先を探すことに注力していたからです。他の日だったとしたら、おそらく彼はチャリティーの情報には全く気が付かなかったでしょう。

新しい世界を学べば、突然、いたるところに、その世界が現実の姿となって現れてきます。そのことに気付いていますか？

実は、新しい知識はいつも看板や本のなかに存在しているのです。でもすぐに、その知識に気付くことはできません。なぜなら、大切なことを学んでおかなければ、目の前にあっても気付くことができないからです。

知ることで、チャンスは訪れます。実はチャンスはずっと近くにいて、あなたが気付いてくれるのを待っているのです。しかし、人生のなかに留まっているガラクタのせいで、それは見えなくされています。

人生のなかで、自分が求めているものを考えてください。その大切なものが目の前に現れたときに、あなたはすぐに気付いて、全力投球することができるでしょうか？

意識が散漫になっていて、焦点が合っていないと、その贈り物をきちんと見ることができません。汚れたフィルターを通して見ていると、大切なものを見過ごしてしまうことになるのです。

◆書物

書物は人に勇気、希望、約束、解決策、救い、逃げ道など多くのものを与えてくれます。本には多くのことが書かれているので、なかなか捨てられないかもしれません。

本を処分するための最高の方法は、あまり考えずに取捨選択することです。最初の段階でざっと本を選別することで、直観が働いてきます。直観はあなたの本当の関心を伝えてくれます。

次のことを試してみましょう。

1・一部屋に、できるだけ多くの本を集めてください。

2・その本の山を、直観を利用して、「残す」、「人にあげる」、「どっちつかず」の3つに素早く選別してください。その際、さっと決断し、時間を使ってはいけません。この仕分けの過程は、直観を鍛えるための訓練になります。

3・人にあげることにした本を箱に詰めたり、袋に入れたりして、ドアのそばに置いておき、次に外出する際に、持ち出せるよう準備をしてください。

この時点で、あなたはすでに成功の感触を味わっているはずです。あなたは人生のなかに神様にささげるために必要な空間を創り出すことができたので、神様にとって必要なものが何かを認識できるようになりました。もっと豊かで、充実した人生を手に入れたいという願望を後押ししてもらえたのです。神様はこの願いに応えてくれるでしょう。

その際、突然、あなたに訪れてくる偶然の一致に注意を払うようにしてください。偶然の一致とは、例えば、妹のことをふと考えていたとき、その本人から実際に電話がかかってくるといったことなどです。

または、護身術のクラスを受講しようと考えていた矢先に、郵便で護身術の教室のチラシが配達されてきたような場合です。

または、何かを手放そうと決断した瞬間、偶然、人にそのモノを手渡せる機会が生まれてきたりしたときです。

4・「残す本」の山を調べてください。その1冊1冊は本当にあなたという人物にとって価値のあるものですか?

人生のなかで与えられた物質的な場所やエネルギーの量は限られていて、すべての空間を占領しておくことはできません。これらの本の山のなかで残すかどうか迷ってしまうような本があれば、「どっちつかず」の分類に移してください。

5・では次に、「どっちつかず」の山を調べてみましょう。

ここに積み重ねられている本は、あなたがあなた自身をどう扱っているのかを教えてくれるかもしれません。

すなわち、そこから、成功を妨げてしまう原因や影響を及ぼしている偏った信念に気付けることになるかもしれないのです。

どうして、この「どっちつかず」の山に分類されたのか1冊ずつ考えてみてください。

実際には読む気はないものの、人にもらった本なので処分することに罪の意識を感じてしまうものではないですか?

大学で使った高価な教科書なので、捨てるのはもったいないと思っているのではありませんか?

またはたぶん、考えに共感はしていても、問題がまだ解決には至っていないために、読み直したり、これから実践してみようと考えている自己啓発の本ではないですか?

それとも、読もうと思って買ってはみたものの、手つかずのままで、必ず読むとは言い切れない本かもしれません。

この「どっちつかず」の分類を、「残す」か「人にあげる」の部分に素早く移せないようなら、時間を使ってその理由を調べてみましょう。

手帳を開いて、ページの最初の部分に、「私はこの本について一体どう感じているのか?」という質問の言葉を書いておいてください。

次に、頭に浮かんだ考えを素直に書いてください。ここで検閲、編集、判断を下したりしてはいけません。頭のなかに浮かんだ言葉をそのまま書いてください。この心のなかの声を言葉にして表現してみます。それがあなたの英知の源、あなたの賢い自己で、まさしくあなたの核心なのです。


次に、書いたものを少し脇に置いておきます(最低でも1、2時間、できれば一晩この文章を寝かせておきます)。

その後、客観的な第三者の視点から、あなたが書いた文章を眺めてみてください。

その本はどのような内容ですか?

その本は一体あなたにどんな約束をしていますか?

あなたとどのようなかかわりがありますか?


この時点で詳しく検証してください。

せっかく高いお金を払ったのだからという理由は外してください。自分にとってその本がまったく役に立たないのだったら仕方がありません。作者の意に従えなかったからといって、後悔などするのは止しましょう。

その本を読んでも奮い立たされることも、励まされることもなく、かえって気分が悪くなってしまうようなら、その本にはさよならを言うべき時です。

本(または本以外のモノ)が人から贈られたものだったとしても、あなたに贈った人は、あなたが手放したからといって呪いをかけようとは、考えてはいないはずです。あなたに贈られた小包は、罪の意識を植えつけるためにやってきたのではありません。


本を処分する準備ができたら、新しい場所に本を送りだしましょう。そのためのヒントを次にいくつか出しておきます。

●コーヒーショップかカフェ

私は3冊以上は店に持ち込まないようにしていますが、コーヒーショップの多くは、本を共有するための本棚が備えてあります。

●小さな無料図書館（訳注：小さな本棚を戸外に設置して、地域の人に読んでもらう運動）

家の形をした箱が、突然、世界中の町に出現してきました。近所にこのような箱を自分で作る人もいますし、購入してこの箱を組み立てる人もいます。

誰もがこの箱のなかに入れてある本を借りることもできるし、いらない本はここに置いておくこともできます。LittleFreeLibrary.org を調べて、この箱を手に入れる方法や、この「小さな無料図書館」を運営する非営利組織の歴史などについて学んでください。

●古本屋

古本屋はまだまだ健在で、もっと寄付してもらえる本を探しています。新本にこだわる人もいますが、その場合は自分の大好きな本だけを買うようにして、ガラクタを増やさないでください！

●プリズン・ブック・プログラム

増加する常習的犯行率を減らすための、数少ない効果的方法のひとつが教育です。Prisonbook-program.org/resources/other-books-to-prisoners-programs をインターネットで調べ、囚人に本を送るプログラムのリストを見つけてください。

（訳注：日本の場合、刑務所に書籍を寄付するというシステムはないようです）

●グッドウィル・インダストリーズ・インターナショナル

グッドウィルは、寄付されたものを販売して得た収益で、職業訓練などのサービスを提供している素晴らしい組織です。

（訳注：最近は日本でもこの形式の団体が増えており、収益を児童養護施設の子どもの自立支援に充てる団体や、支援先を選択できる団体などがあります）

（訳注：日本の場合は図書館が書籍の寄付を募っている場合が多いので、お住まいの地域の図書館などに問い合わせてみると良いでしょう。大学や病院内に持ち寄り文庫を置いているところもあります）

◆雑誌

とりわけ、たくさんの定期購読をしているなら、雑誌はあっと言う間にたまってしまうでしょう。あまり読まなくなった雑誌は、購読を止めてください。そうすれば、もうパラパラめくったり、ダラダラ過ごしたりして、無駄な時間を使う必要もなくなりますし、ゴミ箱にすぐ捨てる必要だってなくなります。

読み甲斐のある内容があるかどうかを確認するには、地元の図書館、フィットネスクラブ、病院の待合室、老人ホームなどで調べてみれば分かるでしょう。

雑誌をなかなか処分できないのなら、書物の項目のエクササイズで実施したように、どうして抵抗感が生まれてしまうか、詳しく調べてみてください。そこからどんなことが見えてきますか？

私の友人は昔から『コースタル・リビング』誌（訳注：アメリカの西海岸を中心としたビーチカルチャーを楽しみながら生活している人のためのインテリア雑誌）を購読していて、まるで単行本のように棚の上にきちんと並べていました。

ですが、この雑誌に愛着を抱くのは、中身に対する興味というよりも、彼女が海が好きなことに加え、雑誌を眺めていると家族と浜辺で過ごしたあの夏の素晴らしい思い出が蘇ってくるからです。

雑誌を処分したとしても、彼女が大切な記憶まで失ってしまうことはないでしょう。思い出は常に彼女とともにあるのです。

けれども、私は彼女に雑誌を処分するよう説得しませんし、処分させようとも思っていません。なぜなら、彼女はこの雑誌を心から愛しているからです。本当に好きで、(実際いつも目に見えるように並べていることから分かる通り)大切に扱っています。このような場合はガラクタになどならないのです!

◆感傷的になる品物

いくら胸がキュンとするモノでも、時とともに気持ちが変わってしまうかもしれません。あなたには大切にしようと思っているモノがあるはずです。でも、その気持ちが永遠に続くとはかぎりません。

かつては愛情を感じたものであったとしても、もう当時のような気持ちを感じられなくなっているならば、そのモノとは別れを告げるべきときなのです。

もしそれを見ているとまだ微笑みが浮かんでくるようであれば、それはガラクタではありません。しかし、微笑んだとしてもその後で箱に戻してしまうようなら、自分を励ましてもう少しこのモノについて検討してみることにしましょう。

もう毎日見ることがなくなってしまったモノは何で、ずっと目に見えるところに置いているモノとはどれでしょう?

たしかに、誰もが処分することのできない記念の品はありますが、そのようなモノは小さな箱にまとめて置いておきましょう。

たぶんあなたも子どもの頃、小物を収集していたことがあるはずです。でも大人になったら以前のような情熱は感じられなくなっているのではないでしょうか?

このコレクションをすべて寄付する覚悟ができないなら、最も自分の人生で鮮明な思い出となっている小物をひとつだけ残して、後は人にあげてください。

罪の意識からずっと逃れられないようなら、さらに多くの小物であなたの周囲は埋まっていくことになります。このような感傷的で、手のかかるたくさんのお荷物とずっと離れられなくなっていくのです。

◆子どもの図画工作

子どもたちが残した図画工作はなかなか捨てられないものです。しかし、きちんと処分してくれる素晴らしいサービスが存在しています。

Artkiveapp.comに、あなたの子どもの図画工作を、前払いの配送先住所ラベルを付けて送れば、Artkive（訳注：わが子の作品をデジタル化して保存するアプリ）にその作品の写真を取り込んでもらえます。

そのとき注文で、プリントされたものをハードカバーの本にしたり、お気に入りのイメージをビーチタオル、タブレットカバー、シャワーカーテン、パズルなどに印刷することもできます。すごく素敵なことではないですか？

（訳註：日本の場合は、撮影した写真をフォトブックにまとめてくれるサービスがありますので、子どもの作品をご自分で撮影し、その写真をそのようなサービスに送るとよいでしょう）

◆グリーティングカード

グリーティングカードがなかなか処分できないのは、捨てることに対して、とりわけ罪悪感を抱きやすいモノだからです。

贈り物と同じように、贈った人は封筒に罪の意識を入れて送っているわけではありません。あなたに挨拶したかったから送ってきただけなのです。カードを読んで、後はリサイクルして再生紙として活用しても、文句など言ったりしないでしょう。

もしあなたを感動させる言葉が書いてあったとしたなら、その部分を写真に撮っておくか、またはその部分を切り取っておいてください。カードの絵も同じです。その絵が大好きなら取っておきましょう。

私のクライアントのひとりは、感動した文章やカードの写真をコラージュにしています。何かに落ち込んでしまうたびに、このコラージュを見ると、すぐに元気を取り戻せるそうです。

◆写真

信じるかどうかは別にして、写真の最初の選別は簡単にできてしまうでしょう。次にその方法を紹介しておきます。

1・すべての写真を1カ所に集めてください。

2・じっと見て、封筒、もう焼き増しすることのないネガなど、写真本体以外のものをすべて処分します。

3・ポモドーロ・テクニックを使って、写真を調べて、ぼやけていたり、破損があったり、魅力がなく、あまり見栄えのよくない写真はすべて脇に置いておきます。

4・残りの写真を調べてみて、もう見ない人、すぐに忘れてしまいそうな場所や出来事の写真は処分します。

5・残った写真を調べて、自分がとてもいいと思う写真、人にも見せたくなる写真の山を作ってください。あなたが大好きな写真を常に見ていられるようにする方法を見つけて保存し、毎日楽しめるようにしてください。

◆荷ほどきしていない箱

引っ越しをしてから3年以上経つのに、まだ開いていない箱はありませんか？おそらくその箱の中身はもう必要もないし、見たいとも思わないモノでしょう。結局、ずっと利用していませんし、目にすることもなかったのですから！

ここであなたにやってもらいたいのは、箱をさっさと開いて、処理することです。

それが難しいのなら、その理由を検証してください。

たぶん、「いつかそれが必要になる日があるかもしれない」症候群にかかっているのでしょう。もしそうだとするなら、そのような考えにとらわれているのは別にあなただけではありません。しかし、1年以上、箱の中身を開くことがなくても、問題なく生きてこられたことを思い出してください。

もちろん、そうは言っても例外があります。1年以上、車のスペアタイヤを利用しなかったからといって、もちろんこのタイヤを処分する必要はありません。ここではあなたの判断力を活用してください。ただし、あまり緩い判断になり過ぎないよう注意してください。

ずっと置いておこうとするのが、いつか必要になるときがくるかもしれないと思うせいならば、「実際になぜこれを残しておきたいのか？」と自らに問いかけてください。そして浮かんでくる最初の答えに意識を払ってください。

自分の持ち物を少なくしていくとき、ダンプスター（訳注：大型ごみ容器）を借りるのは絶対に避けてください。ごみ処理場を満杯にするのに一役買う必要などありません！　それ以外に、あなたの所有物を処理できる素晴らしい方法はたくさんあるからです。たぶん処分したいモノを必要としたり、欲しがったりしている人をあなたは知っているはずです。

私たちは家を売る準備をするために、大きなモノを減らした後、リサイクルショップに不用品を持ち込む前に、地下室のなかで私の姪に欲しいものを買ってもらうことにしました。彼女はアパートに引っ越したばかりで、まだほとんど必要な家財を持っていなかったからです。

姪は自分の壁を飾るための手工業品、飲み物用のグラス、食器、コーヒーテーブル、サイドテーブル、居間の椅子などを買って行きました。このようなモノを、心から感謝してもらえる親族のもとに置いてもらえると考えると、他人に手放すよりはるかにうれしい気持ちになります。

本書の巻末には、ガラクタを処分する先を集めたリストを作成しておきました。このリストのなかには、あなたの処分品を引き取ってくれる場所をたくさん掲載してあります。ぜひ調べて、活用してください。

このリストのなかには、時間や労力が必要となる組織もありますが、地球環境を大切にしてくれるばかりでなく、あなたのモノを喜んで欲しがってくれる人がいるのです。ですから、きっとあなたも送り甲斐があるでしょう。

私の同居人のメリッサは時々冗談で、私が壁に打ち付けられているもの以外は何でも手放してしまうと言います。そして彼女の言うことは間違っていません。モノを手放すことは非常に楽しいことですから!

これらの、選別して、片づけ、処分する方法を作り上げるという実践的な行動のステップに取り組む際には、自分に優しく接してください。

ここでは「約束は控えめに、結果は大きめにしなさい」をモットーにします。そのような態度が、あなたの心のなかの批評家を土俵に上がらせるための最高の方法なのです。

少なくとも、ポモドーロ・ラウンドを一度、真剣に試してみてください。やってみて、意識が集中し、意欲を起こせるようなら、このテクニックをやり続けてみることです。忘れてはいけないのは、小さな一歩を踏み出すことが、成功への重要な鍵となるということです。

私はクライアントのやる気を引き出し、混乱したモノや気持ちを整理できるようにさせようと絶えず努力しています。しかし、それでも壁にぶつかってしまうものです。

彼らが目標を達成できないと思ってしまう原因とは何なのでしょう?

私は指導者としてクライアントに、壁にぶつかってしまうのは、奇跡が起こる前触れだ、と教えています。この壁によって、私たちは彼らのガラクタに本当は何が起きているかを知ることができます。ガラクタを処理できなかったり、掃除しても何度も再びガラクタがたまってしまう理由はその壁にあります。

自分が小さな壁にぶち当たっていることに気付いたなら、客観的な立場から、検証して、実際に自分にどのような事態が起きているのかを理解するための絶好のチャンスとして利用すべきです。

Action Time!

さあ、行動に踏み出す覚悟はできましたか？　小さな一歩を踏み出すことで、とてつもなく大きな影響を及ぼす準備を整えてください。
以前、述べた３つのガラクタの主要な原因を取りあげて、少しずつその原因を減らしていくことにしましょう。本章で述べた方法やヒントを実行に移すときです。では、次の段階に取り組みましょう。

【手紙】

今日から、あなたの手紙を効果的に整理する方法に取り組んでください。

１・郵便箱に郵便物を取りに行ったら、すぐに郵便物の選別を始めましょう。ここで「残す」ものと「ガラクタ」に仕分けします。

２・いらない郵便物は、ゴミ箱に直行です。

３・明細書、住所、電話番号、クレジットカード申し込みのような、機密情報を含む郵便物は破く、またはシュレッダーにかけてください。

４・残りの注意を要する郵便物（請求書、手紙など）は、家のなかに保管する場所を作ってそこに置いておいてください。

５・保管した郵便物をいつ、どのように処理するか決めてください。
毎日か？　週に１回か？　この作業をきちんとするには、習慣にすることが大切です。

では、先ほどのステップを実施した後、あなたの心のなかの批評家がどのような抵抗を示して、不服を申し立ててきたかを書き留めてください。

その考えを点検して、その文句にどのように取り組めばいいのか、いろいろと考えを引き出していきましょう。

この抵抗の根底にある本当の理由を探してください。表面的なメッセージに騙されてはいけません。

【書物】

25分のポム・ラウンドで書物を選別しましょう。

1・ひと棚分の書物や山積みになっている本を取り出して、「残す」、「どっちつかず」、「あげる」の３つに仕分けしてください。

2・「どっちつかず」の山を調べて、それを「残す」、「あげる」のいずれかに分類します。

3・「残す」の山に分類したなら、本当に棚に置いておくだけの価値がある本なのか、見直します。

4・袋か箱に寄贈する本を詰めて、荷造りします。

5・本を寄贈する場所を決めてください。

あなたの心のなかの批評家が自分の話をきちんと聞いてもらっていると感じられるように、頭に浮かんでくる抵抗、考え、恐怖、感情、メッセージをすべて確認してください。

【洋服ダンス】

少なくとも、25分間、ポム・ラウンドを、寝室のクローゼットかタンスの整理のために使います。

1・棚ひとつ、引き出しふたつ、クローゼットの半分といった具合に、服の選別は一気にではなく、小さな部分から始めてください。

2・書物でやったのと同様に、選別は素早く行なってください。寄付する山に選ぶ５つの服を見つけられますか？

3・選別した衣服を点検してください。一度しか着ていない衣服はありませんか？　おそらくそれは必要のない、手放してもいい服です。

4・寄付する服をすべて袋に入れて、寄贈する場所を確認してください(寄贈できる場所のリストは巻末に載せてあります)。

5・カレンダーを眺めて、今週のなかから、服を引き渡す日を選んでください。

もう一度、この作業を行なうとき、ノートやボイス・レコーダーを近くに用意して、自分の頭に浮かんでくる考えや感情を記録してください。

あなたの心のなかの批評家、すなわち抵抗心から、任せても大丈夫だという信頼を得られるようになるまで、この作業を続けてください。

批評家はガラクタを処分してはいけないと言い張ってきます。しかし、いくら言っても時間の無駄であることを納得させてあげるのです。心のなかの批評家の言葉を信じてはいけません！　むしろ、あなたが彼を励まし、安心させて、処分する方向にもっていくのです。

Chapter 7

ガラクタを
お金に変えよう

Turn Your Clutter
into Cash!

ここまで、あなたはガラクタのなかに含まれているメッセージを理解して、処分するかどうか選別してきました。次は何をすべきでしょう? それはガラクタをまとまったお金に変えていくことです!

私たちは186平米の家を売却する決意をしたとき、すべての家具を持って行く必要はないことに気付きました。多少、汗をかく気があるなら、かなりお金が儲かることが分かったからです。

自分で進んで行動に移すといい結果が生まれてきます。私たちも、何もしなければ、フェイスブックで、家の買い手を見つけることはできなかったでしょう。

私たちはずっと捨てられずにいるモノを確認した後、2、3回のポム・ラウンドを使って、家具やその他の大きなものの写真を撮り、サイズを測定し、それらを売る計画を立てました。困惑を避けるために、この時点では、余計な心配はしないことにしました。忘れてはいけないのは、現実的な期待をすることです!

おとめ座で、堅実な性格のメリッサは、それぞれのモノとその希望価格を記載するスプレッドシート(訳注:表計算ソフト)を作成し、売りに出した場所と時間をメモしました。売りたいモノがたくさんあるなら、売るのに利用した方法を追跡しておくととても役立ちます。

モノが売れたとき、スプレッドシートに売れた金額を付け加えておくと、やる気が湧いてきました。なぜなら、それまでの利益が瞬時に分かったからです。

次のものは、私たちが販売した大きなものの例です。

- ●屋外用の籐製の家具セット：350ドル
- ●ダイニングルームセット：500ドル
- ●クィーンサイズの客用ベッド：100ドル
- ●堅木の床（約19平米）：350ドル
- ●コンクリートの敷石（300個）：250ドル
- ●洗濯機と乾燥機：700ドル

最終的に、儲けは5000ドルを超えました。かなりいい額です。オンラインやヤードセールで販売するにせよ、または税控除のために寄贈するにせよ、いずれの選択肢もあなたの財布を潤してくれます。

では、あなたのモノが最高の利益を得られるようにするための助言と戦術を紹介しておきましょう。

●Craigslist.org.（クレイグズリスト社）

クレイグズリスト社のことには耳にしたことがあるはずです。この会社は、職探し、アパート探し、自動車販売など、さまざまな「機会」を提供してくれるポータルサイトです。

ふつうクレイグズリストを利用する目的は、品物を売買することです。売買するモノの種類と匿名のEメールアドレスを連絡すれば、買ってくれる人を見つけてもらえます。こうして、公平で、迅速な連絡が可能になります。

クレイグズリストでモノを売る際には、値切られる前提で値付けをしなくてはいけません。このサイトでの価格は、宣伝で「確定価格」と表示されていない場合には、交渉可能な状況だとみなされるので、それに応じてあなたの売りたい金額を設定してください。

買い手が見つかり、金額に同意したなら、商品を交換する方法を決定します。

安全を考慮して、メリッサと私はけっしてひとりでは相手と会わないようにし、可能なときは必ず、ショッピングセンターの駐車場のような公共の場所で会うことにしています。

現在は、オンライン取引の売り手と買い手の交換の場として、警察署がロビーや駐車場を提供しています。

商品が大きすぎて運ぶことができず、買い手が家に出向かなくてはならない場合は、ひとりで家にいないようにして、ほかの人に必ず立ち会ってもらうようにしてください。備えあれば憂いなしです。

始める前に、私は無料のクレイグズリストのアカウントを作ることを勧めます。あなたの提出するすべてのモノをリストにした便利な一覧表を用意しておけば、ほかの売り手の宣伝のせいで目立たなくなっていた商品も、簡単に再投稿することができます。

（訳注：クレイグズリストのサービスは日本でも使用できますが、外国人の利用が主となっています。「メルカリ」「ラクマ」「ジモティー」などのフリマアプリと呼ばれるサービスを利用すると同様に所持品を販売することができます。アプリと言われていますが、パソコンだけでも登録、使用が可能です）

●Facebook online yard sale groups

フェイスブックで、あなたの町名と「ヤード・セール」などの事項を打ち込んで、地域のなかに存在しているグループを検索してください。このようなグループはたくさんあります！

（訳注：日本のフェイスブックでは「販売グループ」と検索するとグループが出てきますが、前述のフリマアプリに押されてか、あまり活動的なグループはないようです）

多くの会員がいるグループを探すようにしましょう。グループの管理者に会員になることを承認されたなら、グループの規則を必ず読んでおいてください。私は宣伝が多くて、運営のずさんなグループに時間を浪費したくはありません。

管理者が公表する規則を読むことで、あなたが出品物をきちんと管理できるかどうか感触がつかめます。また、投稿を削除されないようにするためにも、規則を厳守してください。

フェイスブックは会員たちがこのようにグループを使うことで急速に人気を博しており、場所や費用、状態などの情報が含まれることによって、よりクレイグズリストのような使い方ができるようになりました。また、このプラットフォームのおかげで、一度に複数のグループに簡単に投稿することができるようになりました。

あなたが購入者と連絡をとりたいなら、クレイグズリストでの販売と同じような予防手段を講じてください。この取引は線引きを行なう練習の絶好の機会となります。あなたの広告や投稿に、「〇〇（あなたの選んだ場所をここに記載してください）まで取りに来てください」または、「夕方に、雑貨店の駐車場でお渡しできます」といったような内容も入れてください。

● Amazon Seller Central（出品サービス）

より大勢の人を販売の対象にしたいのなら、アマゾンの出品サービスは素晴らしい選択肢です。アカウントを作成すれば利用することができます。

よくあるモノ（唯一無二ではないモノ）を売るつもりなら、アマゾンを検索して、「アマゾンで売る」（訳注：日本の場合は「マーケットプレイスに出品する」）と書いてある右端の小さなボタンをクリックしてその後の指示に従うだけで準備は完了します。必要な事項をすべて記入して、オンラインにあるのと同じ画像を利用します。とても簡単です！　他の人が出品している物を眺めて、最も安い価格を設定するようにしましょう。

私は未開封の組み立て玩具レゴのセットを、アマゾンで売って、かなりの儲けを出しました。商品のカテゴリーによって違いはありますが、トイ＆ギャンブルのジャンルでは、売れたなら15％の手数料と少額の成約料が取られますが、簡単に販売したいモノを掲載し、管理してもらえますし、ウェブサイトが充実していて、買い手との連絡のための時間が節約できることを考えれば出店する価値があります。

●委託販売店

服、家具、楽器、アンティーク――あらゆる種類の品物を対象にした委託販売店が存在しています。それぞれの店にはその店なりの方針と手続きがあります。

この手の店に立ち寄って、委託している商品について尋ねてみてください。品物の状態に関する規則、店に置いてくれる期間、売れなかった場合の措置、店が受け取る手数料などを確認しておいてください。

状態は完ぺきであるものの、もう自分にはいらなくなった服のために、私は地元の店を利用しました。委託販売店は40パーセントの手数料で、３か月間、店に置いてくれました。その期間を過ぎると、売れ残った品物は寄付されます。返してもらっても構わないのですが、私は、「いったん家から出したら、もう戻さない」をモットーにしていました。

手数料は高いように思えるかもしれませんが、服の委託販売店では30～40パーセントの手数料を取るのはふつうです。私にとっては手続きが簡単だったので、利用する価値は十分ありました。

口座を開設するのに10分程度かかりましたが、その後は服を納入するたびに、服を入れたカバンに自分の名前とEメールアドレスを入れさえすればいいのです。

そして、在庫目録ができるのを待って、後は支払いの小切手が送られてくるのを待ちます。さらに付け加えるなら、この収益が地元の企業の財政を支援することにもなります。

（訳注：日本でもＲＥＣＬＯ（リクロ）というブランド品の委託販売サービスがあります。また、古着屋の中には委託販売を行なっているお店もあるので、インターネットで調べてみてください。

委託販売ではありませんが、中古の洋服を販売するなら、セカンドストリートなどの路面古着店に持ち込むか、ブランドの洋服ならブランディア、ZOZOUZEDなどのインターネット上の買取サービスに依頼するという方法もあります。そのサービスが得意とするブランドかどうかによって大幅に査定額が変わることがあるので見積もりを出してもらい、より高く買い取ってくれるところに引き取ってもらうと良いでしょう）

● Decluttr.com

このサイトを利用すれば、CD、DVD、ゲーム、電子機器、書籍を売ることができます。スマートフォンのアプリ、品物のバーコードを使って、数字を入力するか、スキャンします。販売する電子機器の種類を探し、簡単な2、3の質問に答えれば、すぐに申し込むことができます。

私たちはCDを処分するのにこのサービスを利用しました。とてもいい経験でした。

（訳注：日本の同様のサービスとしては「メルカリ・カウル」というものがあります。ただし、アプリしかないため、スマートフォンがないと使用できません。

パソコンの場合は、「CD買取」などで検索すれば、買取専門店のサイトを見つけることができるので、売りたいものに合わせてお店を探してみてください）

●伝統的なヤードセール（ガレージセール）

ヤードセールにはかなりの作業が必要になるかもしれません。いえ、実際にこれは大仕事です。準備、価格設定、組織づくり、展示、宣伝、販売とやることはたくさんあります。

しかしやってみるとこれは楽しいことです。この点では、私が少数派だからなのかもしれません。ですが、ほかでは顔を見ることもなかった地域社会に暮らす人と出会い、いろいろやり取りをしながらモノを売るのは本当に面白いことだったのです！　少なくとも、2時間くらいの間は！

ヤードセールをしようとするとき、台所器具や小間物のような安価なモノを販売する誘惑に負けないでください。家具、玩具、カーテン、キャンドル、スポーツ用具、園芸用具など大き目のモノを売ることに力を注ぐことです。

前夜のうちに、すべて準備を終えておきましょう。あなたがイベントは午前8時からと宣伝していても、開場の3、40分前には売り物を見に姿を現す早起きの人が必ずいるものです。朝まで価格を設定するのを延ばしたいという誘惑もあるでしょうが、それでは後悔することになるでしょう。

価格設定を記すステッカーを、あなたの地元の雑貨店や100円ショップの事務用品売り場から購入しておいてください。

どんなに疲れていても、寝る前にはすべて値段をつけておきましょう。そうしておけば、翌朝、1時間余分に眠ることができます。

私はヤードセールを何度か開催してみましたが、最もマーケティングとして効果があるのはクレイグズリスト（この会社にはガレージセールのアプリもあります・訳注：クレイグズリストは日本版もありますが、外国人向けが主なので、集客したい相手が外国人ではない場合はツイッターなどのSNSの方が良いかもしれません）と街中の電柱に吊るす明るいポスターボードであることに気付きました。

あなたのグレイグズリストでの宣伝は、金曜日以前には投稿しないでください。そうしなければ、すぐにほかのリストのなかにあなたの広告は埋もれてしまうことになります。

またフェイスブックの販売グループにも必ず宣伝しておいてください。

私はクライアントのほぼ全員にヤードセールをどのように近所に知らせているのかを尋ねています。その結果、65パーセントが近所に吊るしてある看板で、ほかの35パーセントがフェイスブックやクレイグズリストでしたが、その大多数はフェイスブックでした。新聞広告にお金を払う必要はもうなくなったのです！

朝、コーヒーか紅茶の準備をし、飲んだら後はひたすら売って、売って、売りまくることです。売りに出したものはすべて家に戻してはいけません。販売を終了したなら、残った商品を車に入れて、事前に確認しておいた寄付センターに出向いてください。

●個人のウェブサイト

たくさん売るモノがあるなら、私たちがやったように、すべてのモノの写真や価格を付けた簡単なウェブサイトを作成することも考えてください。

私たち（つまりメリッサと私）が、実際に作成したときには、あらゆる人をこのサイトの対象に想定していました。このサイトでは、必要な商品や情報を見つけることができます。無料のサイト作成サービスがあり、どれも利用者には親切です。これまで、一度もサイトを作ったことがなくても、怖がらないでください。プログラミングをする必要はありません。

Action Time!

●「ジモティー」をインターネットで検索し、自分の住んでいる地域の掲示板を選択してどのようなものが取引されているのかを調べてみてください。
利用規約を読み、「初めての方へ」をチェックしたら登録してみましょう。

● メルカリのアプリをダウンロードするか、サイトからアカウントを作り、販売できるのはどのような種類の品物かを点検してください。

● 売るための品物を５つ決めて、ジモティーかメルカリに実際に出品してみましょう。

※ここでご紹介しているサービスは、日本で活用できるように編集部にて内容を変更させていただきました。

Chapter 8

あなたが新たに作った空間という贈り物

The Gifts of Your Newly Created Space

やりました！　あなたが前進することを邪魔をしてきたガラクタを処理するための大きな一歩を、あなたは踏み出したのです。

ガラクタを処分し、空間を作り出したことで、あなたはお金を儲け、人間関係が深まり、仕事は充実し、健康も増進する、本当に多くの成果を手に入れるチャンスを手に入れたのです。

一本の道が今開かれていきました。本当の奇跡が起きる瞬間を目撃する態勢が整えられたのです。

同時多発的に思いがけない贈り物が現れるでしょう。おそらく、車の修理費が思いのほか安く済んだり、子どもが突然抱きしめてきてあなたに愛していると告げてくれたりします。これらが、開かれた空間に、あなたを助けてくれる大きな力が舞い降りた証拠です。

もう愛せず、必要もなくなったものを処分すれば、無限の贈り物と豊かさが生まれるための場所が開かれる。

このように閉ざされていた空間とエネルギーを取り戻すことで、人生はもっと楽に見えてくるでしょう。

あなたの頭は冴えていき、やる気も増し、気分は軽くなり、幸せな気分に満ちていきます。それがガラクタを処理したことで、実感できる力なのです！

その威力は非常に強力です。意識的にこの作業を実行に移せば、世界全体にも利益を及ぼしていけます！

あなたの人生にとってプラスにならないものはすべて処理することで、あなたは解放され、家族や友人、そして地域社会、国家にも大きな利益を与えます。

物質的なガラクタを、ごみ処理場に送る代わりに、寄贈、売買、リサイクルという方法を利用して処分することで、地域社会のゴミを最小限に抑えるという重要な役割を果たすことになります。

膨大な紙屑やゴミの山を置いておく必要がなくなって、町が大きく変化していく姿を想像してみてください。それが、モノを捨てる代わりに、再利用したり、リサイクルしたりすることで実現されるのです。

すると、空気はきれいになり、みんなのやる気も高まり、市民はもっと幸せになり、気候の変動も穏やかになり、蝶々が肩に降りてきて、お金も天から舞い降りてくるようになるでしょう。

少し言い過ぎたかもしれません。しかし、今、話したような雰囲気は理解していただけたと思います。

人生のすべてがひとつの大きなエネルギーのやりとりであり、そのエネルギーがもっとすらすらと流れるようになっていくことで、人間関係も自然とスムーズになっていきます。

この流れにずっと乗っているための重要な鍵を忘れないでください。その鍵とは常に行動を起こすことです。

一度にひとつ小さな一歩を踏み出していくのです。行動を起こし、次に神様がそれにどのように反応してくれるのかを観察してください。

そして新たな一歩を絶えず歩み続けることです。そうすることで、以前、あなたを躓かせていた障害も、簡単に蹴り飛ばせる小石にすぎなくなるでしょう。

八方塞がりの状況に陥ったとき、本書で学んだ手段を利用してください。

ガラクタを処分することはもちろんですが、ガラクタから送られてくるメッセージも見つけ出すようにしましょう。そうすることで、あなたはガラクタより優位に立つことができます。

まだ完全に学んでいない状況でも、ガラクタとの駆け引きではもうすでに優位に立てるのです。

ガラクタがあなたに伝えようとしている言葉に耳を傾けてください。そうすることで、「自分の行動を邪魔しているものは何か？」と尋ねる習慣が身に付きます。


期待はいつも実現可能な内容にして、次の一歩を楽に踏み出せるようにしましょう。期待を抱くと意欲は掻き立てられますが、あまりに期待を大きくしすぎてしまうと、かえって抵抗感を煽られてしまうので注意してください。

あなたの心のなかの批評家にずっと信頼してもらえるようにするために決定的に重要なのは、目標を必要以上に細かい要素に細分化することです。そうすることで、空間と時間にゆとりが生まれ、ガラクタのなかから絶えずメッセージを読み取ることができるようになります。


ポモドーロ・テクニックを利用してください。この方法はたいへん効果があることに気付いていても、ついついやるのを忘れがちになってしまいます。

ですから、「ポム」を忘れないように、コンピュータのそばにメモを置いておきましょう。もし翌日利用する必要があるのに気付いたなら、スクリーンの真ん中にそのメモを貼り付けておいてください。ときどき、電話にも「ポム」、「小さな一歩」というメモを置いておきましょう。

怠けずに、成功のお膳立てをしてください。

本書を何度も利用して、素晴らしいサポート・システムにしてください。本書のエクササイズはじっくりと取り組みましょう。実行するたびに以前とは状況が違ってくることに気付き、自分や自分の思考・行動様式をたくさん学んでいけるでしょう。

最後に、ガラクタを処理するときは、ガラクタが教えてくれた教訓ばかりでなく、自分に自信を与えてくれたことにも感謝してください。

「カレン、ガラクタに感謝するって？　本気で言っているのかい」という声が聞こえてきそうですね。

もちろん、私の考えていることがおかしく思われるかもしれませんが、心から感謝することで、あなたが取り戻したパワーはずっと失われずにいられるのです。

「ガラクタよ、私に愛と関心が必要な場所を見つけてくれてありがとう」

本書を読んでいただいたみなさん、この旅に付き合っていただき心より感謝いたします。

【ガラクタ処理のための資料リスト】

ポモドーロ・テクニック（英文のみ）

www.pomodorotechnique.com

この素晴らしい時間管理法は、あなたのガラクタ処理に効果を発揮し、簡単に素晴らしい進歩を成し遂げてくれるでしょう。

クレイグズリスト

www.craigslist.org（東京版：https://tokyo.craigslist.jp/）

クレイグズリストは世界中にリストを提供しています。ここで、あなたは「無料」カテゴリーに登録したり、製品を売ったりすることができます。

アマゾン・セラー・セントラル

sellercentral.amazon.com（https://services.amazon.co.jp/?ref=as_au_en_header_jp-flag&ld=SCSOAS-

triplogin）

日本のアマゾンの場合、大口出品サービスと小口出品サービスの２つのサービス形態があります。家の不用品を販売するのでしたら月額料金のかからない小口サービスを選択した方がよいでしょう。

RECLO（リクロ）

https://reclo.jp/

ブランド品の委託販売ができます。

Brandia（ブランディア）

https://brandear.jp/

ハイブランドの洋服やカバン、アクセサリーなどを売ることができます。

ZOZOUSED

http://zozo.jp/zozoused/

比較的カジュアルなブランドの古着を売ることができます。

メルカリ

https://www.mercari.com/jp/

アプリを使用して、洋服から、日用品、趣味のもの、家電製品まで、手軽にフリーマーケットのような売買ができます。売れた場合、販売金額の10％の販売手数料を運営会社に支払う必要があります。

ラクマ

https://fril.jp/

楽天が運営するフリマアプリです。こちらは販売手数料はかかりませんが、今のところ集客力の関係で、メルカリのほうが売れやすいと言われています。

ジモティー

https://jmty.jp/

クレイグズリストと同様に、あなたの不用品を無料で譲ったり、販売することができます。

ワールドギフト

http://world-gift.com/
古着から日用品や食品まで、幅広い寄付を受け付けており、それを途上国の支援などに役立ててくれる団体です。

アニマルシェルター

動物救護シェルターは、毛布やタオルをいつも必要としています。地元の救護シェルターを見つけて、このような不要になった毛布・タオルを渡してください。

◆本の寄付

チャリボン

https://www.charibon.jp/
書籍やDVDを送れば、その査定金額をNPOやNGOに寄付することができます。

ブックスフォージャパン

http://www.booksforjapan.jp/
書籍やその査定金額を東日本大震災の被災地に寄付することができます。

◆CD／DVDなどの買取店

CDやDVDの買取を行なっているインターネットのサイトはたくさんあり、主要なものを比較しているサイトもあるので、それらを参考に、ご自分の手放したいジャンルに強いところに見積もりを依頼しましょう。

◆Eメイル www.thetappingsolution.com（英文のみ）

Unroll.me

いくつかのEメールリストを一挙に削除します。

◆感情的なガラクタ（英文のみ）

www.thetappingsolution.com

心の傷（感情的ガラクタ）を癒すために、感情的解放テクニック（タッピング）を調べてください。

※ここでご紹介しているいくつかのサービスは、日本で活用できるように編集部にて変更させていただきました。

【注釈】

Chapter1

1・セルフ・ストレージ協会　「２０１５－１６セルフ・ストレージ・インダストリ・ファクト・シート」

www.selfstorage.org/LinkClick.aspx?fileticket=fJYAow6_AU0%3D&portalid=0（２０１５年１月１日）

2・マクヴィーン・マリー　「多くの人にとって、集まっている所有物は人生のガラクタにすぎない」
ロサンゼルス・タイムズ
articles.latimes.com/2014/mar/21/health/la-he-keeping-stuff-20140322（２０１４年３月21日）

Chapter4

1・ポモドーロ・テクニック。https://en.wikipedia.org/wiki/Pomodoro-Technique

Chapter6

1・ストエフェル・カット　「いつも着ているのは戸棚の20%にすぎない」ニューヨークマガジン
http://nymag.com/thecut/2013/04/you-only-wear-20-percent-of-your-wardrobe.html（２０１３年４月18日）

2・同上

謝辞

私の姉のチェリーに心より感謝します。姉は私を支え、温かく耳を傾け、本書の執筆中は貴重な意見を与えてくれました。お姉さん、ありがとう。

私の母と父にも感謝します。常に励まし、本に興味を持ち、私を信頼してくれました。また、彼らが与えてくれた愛情の土台が、私がこの仕事を、人として女性として行なうことを手助けしてくれました。

義理の父ビル、そして義理の母ジョアンヌにも感謝します。彼らの励ましとユーモアのおかげで、明るさを忘れずにいることができました。

私の家族の、スティーヴン、ジャニス、ドナ、トム、リサ、ウォルター、マイケル、マーク、リヴ、カレン、ライアン、ブレンダに、一人一人とユニークで、特別な関係を築けたことに感謝します。あなたがたがいつも私の傍にいてくれることをうれしく思っています。

私の姪と甥たちにも感謝します、彼らは私の心をずっと若々しくしてくれ、常に未来に対しての希望を与えてくれます。

そして私の親愛なる友人で素晴らしい編集者であるリサ・フールに。専門的な目と正直な感想に感謝します。

ヘイ・ハウス社には、私を信頼し、本書を出版していただいたことに感謝します。編集者のリサ・チェンには洞察、ヒントをいただきました。優しく指導していただいたことに感謝いたします。

最後に、常に骨身をおしまず献身してくれた、私の人生のパートナーとも言えるメリッサに感謝を捧げます。彼女がなければ、本書が世に出ることはなかったでしょう。

彼女は私の知るかぎり最高の応援者で、最高の聞き手で、共感者です。そして最も辛抱強い女性でもあります。

よいときも、苦しいときも私を愛してくれてありがとう。私たちふたりは実際に最高のチームを築き上げることができました。

訳者あとがき

部屋を片づけたいのにいつまで経っても散らかしっぱなしのままだ。ガラクタはますますたまっていく一方だ。そんなことを悩んでいる人は少なくありません。

しかし、今までと視点を変えみることで、ガラクタの処理がてきぱき捗るばかりでなく、今まで考えていなかった新たな自分を見つけるきっかけとなるとすれば？

『「いらないモノ」があなたに教えてくれること』は、まさにそれを実現してくれる画期的な本です。

ガラクタという言葉からは、マイナスのイメージしか浮かばないかもしれません。しかし本書を読むことで、実はガタクタが新しい自分を発見する入り口にもなってくれることに気付かされることでしょう。

ガラクタがいつまで経っても減らないのは、実はガラクタというモノ以外に、心のなかに何かさらに深い問題が潜んでいる証拠なのです。

しかし、この問題を解決することで、足場もないほど散らかっていた場所に空間が現れると同時に、今までとは違う自分も生まれていきます。

著者ケリー・リチャードソンは、ガタクタをモンスター（怪物）ではなく、自分の問題点を指摘してくれるメッセンジャーに変えてくれます。読者のみなさんもガラクタが伝えてくれる言葉に耳を傾けることで、本当の豊かさをぜひつかみとってください。

最後になりましたが、彩図社の大澤泉さんにはたいへんお世話になりました。心から感謝いたします。

２０１８年５月

住友　進

【著者略歴】

ケリー　L. リチャードソン（Kerri L.Richardson）

ライフスタイル・デザイナー、コーチングの教師に15年以上従事している。数千人のクライアントを持ち、人々をもっと大きな目標に挑み、その冒険を実現できるようにアドバイスしている。現在、ボストンで同居人のメリッサと２匹の子猫キヴァとカヤと暮らしている。

www.kerririchardson.com

住友進（すみとも　すすむ）

翻訳家。早稲田大学第一文学部卒業。主な訳書にルイーズ・Ｌ・ヘイ『私はできる！』（サンマーク出版）、ディーパック・チョプラ『パーフェクト・ヘルス』（きこ書房）、アラン『幸福論』（日本能率協会マネジメントセンター）などがある。

「いらないモノ」が教えてくれること

平成30年6月20日第一刷

著者　ケリー　L. リチャードソン

翻訳　住友進

発行人　山田有司

発行所　〒170-0005
株式会社彩図社
東京都豊島区南大塚3-24-4MTビル
TEL：03-5985-8213FAX：03-5985-8224

印刷所　シナノ印刷株式会社

URL http://www.saiz.co.jp　https://twitter.com/saiz_sha

ISBN978-4-8013-0304-1　C0077